中华优秀传统文化经典丛书

总主编　楼宇烈

大学　中庸

（春秋）曾参　（战国）子思　著
鲍鹏山　译注

西苑出版社
XIYUAN PUBLISHING HOUSE
·北京·

图书在版编目（CIP）数据

大学　中庸 /（春秋）曾参，（战国）子思著；鲍鹏山译注. — 北京：西苑出版社，2023.12
（中华优秀传统文化经典丛书 / 楼宇烈主编）
ISBN 978-7-5151-0891-9

Ⅰ. ①大… Ⅱ. ①曾… ②子… ③鲍… Ⅲ. ①《大学》②《中庸》 Ⅳ. ①B222.1

中国国家版本馆 CIP 数据核字(2023)第184366号

大学 中庸
DAXUE ZHONGYONG

作　　者（春秋）曾参　（战国）子思
译　　注 鲍鹏山
策　　划 善品堂® 藏書
责任编辑 彭洪清
特约编辑 郭泽堃
责任校对 杨　超
责任印制 李仕杰
开　　本 889 毫米 ×1194 毫米　1/32
印　　张 10.75
字　　数 150 千字
版　　次 2023 年 12 月第 1 版
印　　次 2023 年 12 月第 1 次印刷
印　　刷 唐山玺鸣印务有限公司
书　　号 ISBN 978-7-5151-0891-9
定　　价 86.00 元

出版发行 西苑出版社有限公司　北京市朝阳区利泽东二路 3 号　邮编：100102
发 行 部（010）84254364
编 辑 部（010）64210080
总 编 室（010）88636419
电子邮箱 xiyuanpub@163.com
法律顾问 北京同清律师事务所　13001187977

出版缘起

文化是一个国家、一个民族的灵魂。泱泱华夏，五千年文明历史所孕育的中华优秀传统文化，是中华民族生生不息、发展壮大的丰厚土壤。

党的十八大以来，以习近平同志为核心的党中央高度重视中华优秀传统文化的传承与发展。2013 年 11 月 26 日，习近平总书记在山东曲阜孔府和孔子研究院考察时强调，要大力弘扬中国传统文化。2022 年 6 月 8 日，习近平总书记在四川眉山三苏祠考察时指出："要善于从中华优秀传统文化中汲取治国理政的理念和思维。"2017 年 1 月，中共中央办公厅、国务院办公厅印发《关于实施中华优秀传统文化传承发展工程的意见》，系统部署传承发展中华优秀传统文化的战略任务，把传承中华优秀传统文化提升到新的历史高度。2022 年 4 月，中共中央办公厅、国务院办公厅印发《关于推进新时代古籍工作的意见》，明确指出，要完善古籍工作体系、提升古籍工作质量，“挖掘古籍时代价值”，“促进古籍有效利用”，“做好古籍普及传播”。

中华传统文化是中华民族的“根”与“魂”。文化兴则国家兴，文化强则民族强。没有高度的文化自信，没有文化的繁荣兴盛，就没有中华民族的伟大复兴。党的十九届六中全会强调，要“推动中华优秀传统文化创造性转化、创新性发展”。为适应全民阅读、共读经典的时代需求，我们组织出版《中华优秀传统文化经典丛书》，以展示古籍研究领域的成果，推广、普及中华优秀传统文化经典，传承、弘扬中华优秀传统文化，提振当代中国人的文化自信。

激活经典，熔古铸今。丛书精选中华优秀传统文化经典，既选取广为人知的历史沉淀下来的传世经典，也增选极具价值但多部大型丛书未曾选入的珍稀出土文献（如诸多竹简、帛书典籍），充分展示中华传统文化的历史脉络与宏富多元。丛书由众多学识渊博的专家学者担任编委，遴选各领域杰出研究者与传承人担任解读（或译注）作者，切实保证作品品质。

丛书定位为中华优秀传统文化经典普及读物，力求能让广大读者亲近经典、阅读经典，充分领略和感受中华优秀传统文化的魅力，并从中获益。为此，解读者（或译注者）以当代价值需求为切入点解读古代典籍，全方位解决古文存在的难读难解、难以亲近的问题，让中华优秀传统文化贴近现实生活，走进人们的心中，最大限度地发挥文化人的作用。

“问渠那得清如许？为有源头活水来。”博大精深的中华文化源远流长，五千年文脉绵延不绝，中华优秀传统文化是中华儿女奋发图强、继往开来、实现中华民族伟大复兴的强大精神来源。“洒扫应对，莫非学问。”读者诸君若能常读经典、读好经典，真正把传统文化的精义、真髓切实融入生活和工作，那各位的知与行也一定能让生活充满希望，让工作点亮未来，让国家昌盛，让世界更美好！

丛书编委会

2022 年 6 月 9 日

导　言

一

《大学》《中庸》《论语》《孟子》为儒家经典“四书”。作为国家意识形态和民族文化信仰的儒学，唐以前，以“五经”为经典,《论语》和《孟子》并未正式列为“经”,《大学》和《中庸》也只是《礼记》中的两篇，没有获得独立的、特殊的地位。“四书”概念之正式确立归功于朱熹,《四书章句集注》是其标志。其中,《大学》《中庸》中的注释解析称为“章句”,《论语》《孟子》中的注释解读因为采集了历代一些学者的说法，称为“集注”，后人合称其为“四书章句集注”，简称“四书集注”。

朱熹把这四本书合为一体而注释之，是因为朱熹认为

《大学》中“经”的部分是“孔子之言而曾子述之”，“传”的部分是“曾子之意而门人记之”；[1]《中庸》是“孔门传授心法”，而由子思“笔之于书，以授孟子”。[2]既然这四本书分别与圣人（孔子）、宗圣（曾子）、述圣（子思子）、亚圣（孟子）有关而自成“圣学”体系，一以贯之，理当合为一体。

“四书”包含了儒家对宇宙、社会、政治以至个人道德生活的整体理解和主张，是中国人精神世界和信仰世界的总阐述，所以朱熹说：“若理会得此‘四书’，何书不可读，何理不可究，何事不可处！”[3]朱熹之后，中国教育和学术重“四书”胜过“五经”，科举考试以“四书”为主要科目，“四书”遂成为中国文化传承、文明延续的主要载体。

《大学》《中庸》这两篇厕身《礼记》的文章被推崇而终至于单列，有其自身的逻辑。唐代韩愈、李翱维护道统，就推崇《大学》与《中庸》，陈寅恪《论韩愈》曰：

> 盖天竺佛教传入中国时，而吾国文化史已达甚高之程度，故必须改造，以蕲适合吾民族、政治、社会传统之特性，六朝僧徒“格义”之学（详见拙著《支愍度学说考》），即是此种努力之表现，儒家书中具有系统易被利用者，则为《小戴记》之《中庸》，梁武帝已作尝试矣。（《隋书三二经籍志》经部有梁武帝撰《中庸讲疏》

一卷，又《私记制旨中庸义》五卷。）然《中庸》一篇虽可利用，以沟通儒释心性抽象之差异，而于政治社会具体上华夏天竺两种学说之冲突，尚不能求得一调和贯彻，自成体系之论点。退之首先发见《小戴记》中《大学》一篇，阐明其说，抽象之心性与具体之政治社会组织可以融会无碍，即尽量谈心说性，兼能济世安民，虽相反而实相成，天竺为体，华夏为用，退之于此以奠定后来宋代新儒学之基础。退之固是不世出之人杰，若不受新禅宗之影响，恐亦不克臻至此。[4]

陈寅恪正确地指出了韩愈（字退之）道统之说及其对《大学》《中庸》的独具只眼的推崇，都是一方面为了抗衡佛教思想，一方面又由于“以其人之道还治其人之身”而起意建立了儒家之道（统）。从这个意义上说，不仅儒家道统的建立动机上出于佛教的刺激、方法上模仿袭用佛教的经籍传习和统绪传承，即使《大学》《中庸》这两篇文章受到重视乃至最后单独成书而有“四书”之目，其实也是因应佛教的挑战而作的应战。陈寅恪说：

南北朝之旧禅学已采用阿育王经传等书，伪作付法藏因缘传，已证明其学说之传授。至唐代之新禅宗，特标教外别传之旨，以自矜异，故尤不得不建立一新道统，证明其渊源之所从来，以压倒同时之旧学派……退之自述其道统传授渊源固由孟子卒章所启发，亦从新禅宗所自称者摹袭得来也。[5]

北宋司马光编撰《大学广义》，算是《大学》独立成书的开始。程颢、程颐又编撰《大学》原文章节成《大学定本》。可见，朱熹《大学・中庸章句》之前，这两篇文章之独特价值，已经被一些有心的人认识到。这些“有心人”，就是“有心”以中国本土、传统、故有之儒家文化，来因应时代变化，回应佛老冲击。在《大学章句》和《中庸章句》的序中，朱熹说明他之所以重视“四书”弘扬“四书”，乃是有感于汉唐以来儒家经学只注意“记诵词章”，道、释异端“虚无寂灭之教”流传，以至儒学道统到孟子之后不得其传。中国经学在汉唐主要是章句之学，侧重于礼义制度和政治政策，重社会而轻人生，重礼义而轻人心，对人生根本问题，如天道、性命等问题不甚关心，缺乏形而上的追究。这样故步自封的传统儒学，在佛老的冲击下有被赶出思想阵地的危险，所谓的“儒门淡泊，收拾不住”[6]就是传统儒家思想失去人心市场的表现。于是，宋朝的儒者开始关注“性与天道”问题，通过阐发天道、性命等终极性问题，以期在人生价值和生命意义等问题上，彰显儒家的贡献和声音，使孔孟开创的以儒学为代表的中国本土文化，重返精神领域的主导地位。故二程、朱熹的学术旨归，是要“接乎孟氏之传”[7]。在这样的背景和需求下，《大学》与《中庸》作为修齐治平的性命之书，受到征圣宗经、有志于弘扬道统的儒者的重视，终于脱颖而出。钱穆先生说：

> 儒家道统之说，始于唐之韩愈。朱子此序（按：指朱熹《中庸章句序》），不仅肯定尧舜文武以至孔孟之传统，又以二程子直接之，以及其本身，又为此一传统赋以具体之内容；所谓“道心惟微，人心惟危，惟精惟一，允执厥中”，遂成为古圣人十六字之薪传，而又以天理、人欲之分别说明之。于是所谓存天理、去人欲，为心学之最要功夫，亦即圣学之唯一法门。此说也，虽象山、阳明，亦莫能违。故朱子《中庸章句》一序，虽谓之宋明两代道学一总宣言书，亦无不可也。

又说：

> 《大学》不出“性”字，而朱子以性说之。《中庸》不出“心”字，而朱子以心说之。此正见朱子大气包举，细心斡旋。在当时实具苦心，所以能转移风气，重倡绝学，决非偶然。[8]

钱穆先生正确指出了宋儒重视、抬举《大学》《中庸》的学术用心和历史贡献。

二

《大学》讲的是“大人之学”，是“成人之学”，是“大成之学”，如果以倒转语法的角度讲，“大学”的意思就是“学大”，学着成为一个大人。朱熹《大学章句》序：

> 三代之隆，其法寖备，然后王宫、国都以及闾巷，莫不有学。人生八岁，则自王公以下，至于庶人之子弟，皆入小学，而教之以洒扫、应对、进退之节，礼乐、射御、书数之文；及其十有五年，则自天子之元子、众子，以至公、卿、大夫、元士之适子，与凡民之俊秀，皆入大学，而教之以穷理、正心、修己、治人之道。此又学校之教、大小之节所以分也。[9]

可见，所谓“大学”，与“小学”相对，指“大人之学”，学习的是“修齐治平”之道。

“大学”不仅与“小学”相对，还与“记诵词章之习”“异端虚无寂灭之教”以及“其他权谋术数，一切以就功名之说，与夫百家众技之流”[10]不同，这些都不是“大道”，都是所谓谋生求利之学，而大学乃是修身求道之学。《大学》讲“大学之道”，开篇即是“明明德”，以之为三纲之首。然后结论说：“自天子以至于庶人，壹是皆以修身为本。”王阳明《大学问》说：“明明德者，立其天地万物一体之体也。”[11]而“亲民”“止于至善”这两纲，按王阳明的说法，一是其“用”：“亲民者，达其天地万物一体之用也。”[12]一是其“极”：“至善者，明德、亲民之极则也。”[13]按，无论是作为“本”的“修身”，还是作为“体”的“明明德”，其实讲的都是人的主体性建设。这是《大学》极其伟大之处。班固说儒家出于司徒之官，盖儒家之根本，在于教化人民，使其人格有所建立。相对于西方文化侧重于讲人权，道德上无有宗教支撑的中国儒家文化，更侧重于讲人格。这在“四书”里面，几乎是最普遍、最突出、一以贯之的主题。而《大学》《中庸》对此主题更是从《论语》《孟子》的形而下实践说到形而上理论。

《大学》之“国治而后天下平”之“天下平”，对应的是“欲明明德于天下”。则“平天下”者，“明明德”于天下也，故平天下之指向，不在“天下”，而在“明德”，不在“平”，而在“明”，不在外，而在内，一己之身修，天下之仁义存焉。这也是后来顾炎武“天下兴亡匹夫有责”的逻辑起点。《大学》的这个“明”，也就是《中庸》“明诚”的那个“明”。

在传之首章，《大学》即连引三典，说这个“明”，以强调人的自身主体人格建设的重要性：

> 《康诰》曰："克明德。"《大甲》曰："顾諟天之明命。"《帝典》曰："克明峻德。"皆自明也。（传一章）

《尚书》中的这三段话，是关于人应当顾念、珍惜和发扬自身"明德"的言论。在经典中择录、汰选出这类言论，不仅展现出经典在这类主题上固有的思想，更显示出择录者自身的观点。《尚书》中的这三段话，本质上是对人的主体性的肯定和尊敬。"明德""明命"和"峻德"，都是人自身所有而天命所在，是天之所与而人之自得。人的道德使命，首先是，根本是，珍惜顾念和养育这天赋之性命，使之发扬光大。《诗经·小雅·小宛》"夙兴夜寐，无忝尔所生"，《荀子·子道》篇所载颜回的"仁者自爱"，讲的就是这种对自己道德生命的培育和珍爱。人的主体性，其核心内涵，就是人的道德自觉，就是人的道德生命，就是人对自身道德生命的珍惜、维护和弘扬。《大学》中的"慎独"和《中庸》中的"明诚"，是人之道德主体性和道德行为的道德主体自我选择的重要体现。

道德需要道德主体，道德行为也必须是道德主体的自由选择。所以，重视道德建设的儒家，必然注重人的主体性建设，并把这种主体性建设看作是道德的必然前提。王阳明的《大学问》，从“一体之仁”的角度，阐释道德主体的重要性：

> 大人之能以天地万物为一体也，非意之也，其心之仁本若是，其与天地万物而为一也……是故见孺子之入井，而必有怵惕恻隐之心焉，是其仁之与孺子而为一体也，孺子犹同类者也。见鸟兽之哀鸣觳觫，而必有不忍之心焉，是其仁之与鸟兽而为一体也，鸟兽犹有知觉者也。见草木之摧折而必有悯恤之心焉，是其仁之与草木而为一体也，草木犹有生意者也。见瓦石之毁坏而必有顾惜之心焉，是其仁之与瓦石而为一体也。是其一体之仁也，虽小人之心亦必有之。是乃根于天命之性，而自然灵昭不昧者也，是故谓之“明德”。[14]

有道德主体（大人），才有可能实施“一体之仁”。人有“明德”，才能“亲民”，亲民就是明德的一体之仁。

《大学问》解释“亲民”：

> 明明德者，立其天地万物一体之体也；亲民者，达其天地万物一体之用也。故明明德必在于亲民，而亲民乃所以明其明德也。[15]

也就是说，“亲民”之目的，甚至不在于政治，而在于自家德性之止于至善，“亲民”是“明德”的必须，在对他人的“亲”里，包含着自家的“明德”，“明德”不是为了“亲民”，反而是“亲民”为了“明德”。在王阳明眼里，个人德性的建立，道德主体性的建设，是“大学”的根本目标。王阳明十一岁时“读书做圣贤”的领悟，与夫儒家以一身之修等同天下之平，“一己明德”乃“一体之仁”，是一个理路。

三

而就道德主体性建设这个主题而言，《中庸》相较于《大学》，有过之而无不及。

> 天下之达道五，所以行之者三。曰君臣也，父子也，夫妇也，昆弟也，朋友之交也。五者，天下之达道也。
>
> 知、仁、勇三者，天下之达德也，所以行之者一也。（2.8.2）

天下“达道”，需要人的“达德”来行之。德得之于道，可是道也唯赖德而后可行；而“行道”之“德”才是“明德”。我在本书本节导读中这样强调：

天以道属人，人以德载道；天以道导人，人以德行道。道者，导也；德者，得也。道须行方为道，德得导才有德。“天下之达德也，所以行之者也”，以德行道、弘道也。人生在世，其天命，就是行道、弘道，故孔子曰“人能弘道，非道弘人”也，其意若曰：人行道，非道行人也。故人须“好学”“力行”“知耻”，如此，就有了知、仁、勇。孔子这是强调人的道德主体性。人的主体性建设和尊崇，是儒家文化的鲜明特征。

再看《中庸》这一段：

为政在人，取人以身，修身以道，修道以仁。仁者，人也，亲亲为大；义者，宜也，尊贤为大。（2.8.1）

人是万物的法则，是万事的根本，是政治的目的。不仅为政之本在于人之主体性的完善，即便亲亲尊贤，不也是亲人尊人！

《中庸》：

诚者，天之道也；诚之者，人之道也。（2.8.4）

人的主体性来自天！这可以引申出天赋人格，是不是也可以延伸出天赋人权呢？

唯天下至诚，为能尽其性；能尽其性，则能尽人之性；能尽人之性，则能尽物之性；能尽物之性，则可以赞天地之化育；可以赞天地之化育，则可以与天地参矣。（3.1）

这是对充实而光辉的主体人性的赞美。这类赞美，在《中庸》里比比皆是：

君子动而世为天下道，行而世为天下法，言而世为天下则。远之则有望，近之则不厌。（3.8）

唯天下至圣，为能聪明睿知，足以有临也；宽裕温柔，足以有容也；发强刚毅，足以有执也；齐庄中正，足以有敬也；文理密察，足以有别也。溥博渊泉，而时出之。溥博如天，渊泉如渊。见而民莫不敬，言而民莫不信，行而民莫不说。是以声名洋溢乎中国，施及蛮貊。舟车所至，人力所通，天之所覆，地之所载，日月所照，霜露所队，凡有血气者，莫不尊亲，故曰配天。（3.10）

肫肫其仁！渊渊其渊！浩浩其天！（3.11）

《中庸》的主题，以下一言以蔽之：

君子尊德性而道问学，致广大而尽精微，极高明而道中庸。（3.6）

其实，先秦诸子中，对于人的主体性建设，有一个很有意思的现象：儒家和道家，试图极力构建人的主体性人格，而法家则极力摧毁人的主体性人格。法家之反对仁义道德，其实就是对人的道德主体性的抑制。法家对人的主体性的抑制，与其对权力的推崇，是一个硬币的两面：主体人格必形成对权力的阻碍，故绝对权力必不能容忍主体人格的存在。

而儒家、道家对人的主体性的建设，又有不同的侧重点。

儒家建构人的德性主体性；道家建构人的自性主体性（当然，儒家也极力证明德性来自自性，这一点在《中庸》里面有明确的表达）。

儒家强调个体人格；道家强调个体人权。

儒家强调人的主体性的伦理责任和道德人格；道家强调人的主体性的自由权利和独立人格。

儒家讲道德主体服务他人的能力；道家讲自性主体坚持自我的权利。

庄子是道家主体人格精神建构的主要人物，他的《齐物论》，实际上并不是讲万物本体的等齐，而是讲本体不一的万物有同等的权利，所以，“齐物”也者，“齐权”也。《齐物论》：“物固有所然，物固有所可。无物不然，无物不可。故为是举莛与楹，厉与西施，恢诡谲怪，道通为一。”[16]《寓言》：“物固有所然，物固有所可，无物不然，无物不可。非卮言日出，和以天倪，孰得其久！万物皆种也。以不同形相禅，始卒若环，莫得其伦，是谓天均。天均者天倪也。”[17]“道通为一”和“万物皆种（种即道）”，讲的就是万物主体性之合法性来源：道。他的“天地与我并生，万物与我为一”[18]，与上引《中庸》的诸多语句，几乎可以互释。

儒道两家，对人的主体性人格和人权的论证和维护，对人的主体性建设的重视和推崇，是中华传统文化的精髓之一，也是其现代价值的体现。这是人生的“价值论”哲学，它与“知识论”哲学的区别，是中华文化的特色之一。

孔子说：“可与共学，未可与适道；可与适道，未可与立；可与立，未可与权。”[19]《荀子·劝学》说：“学恶乎始？恶乎终？曰：其数则始乎诵经，终乎读礼；其义则始乎为士，终乎为圣人。”[20]《大学》《中庸》讲的就是闻道行道之学，就是成圣成贤之学，阐述的是儒者做人做事治国平天下的根本道理，阐述的是道德主体与社会政治的关系。汉代郑玄认为，《大学》是一门教人为政的大学问。他说：“大学者，以其记博学可以为政也。”[21]

在《中庸》1.2 节的导读里，我写道：

> 《大学》《中庸》都是在讲人的主体性及其保持和建设。《大学》讲人格之大，《中庸》讲人性之中，这两方面是人的主体性不可或缺不可戕残的基本内涵。但世道陵夷，风衰俗变，人的主体性又何等难以葆守！

［参考文献］

1 朱熹:《四书章句集注·大学章句》，北京：中华书局，2011 年，第 5 页。

2 朱熹:《四书章句集注·大学章句》，北京：中华书局，2011 年，第 19 页。

3 黎靖德编，王星贤点校:《朱子语类》卷十四《大学一·纲领》，北京：中华书局，1986 年，第 249 页。

4 陈寅恪:《论韩愈》,《金明馆丛稿初编》，北京：生活·读书·新知三联书店，2012 年，第 321 页。

5 陈寅恪:《论韩愈》,《金明馆丛稿初编》，北京：生活·读书·新知三联书店，2012 年，第 320 页。

6 张方平之言，出自陈善:《扪虱新话》卷十《儒释迭为盛衰》,《全宋笔记》第五编第十册，郑州：大象出版社，2012 年，第 79—80 页。

7 朱熹:《四书章句集注·大学章句序》，北京：中华书局，2011 年，第 3 页。

8 钱穆:《四书释义·大学中庸释义·朱熹中庸章句》，北京：九州出版社，2011 年，第 350—360 页。

9 朱熹:《四书章句集注·大学章句序》，北京：中华书局，2011 年，第 2 页。

10 朱熹:《四书章句集注·大学章句序》，北京：中华书局，2011 年，第 3 页。

11 王守仁撰，吴光等编校:《王阳明全集·大学问》，上海古籍出版社，2012 年，第 799 页。

12 王守仁撰，吴光等编校:《王阳明全集·大学问》，上海古籍出版社，2012 年，第 799 页。

13 王守仁撰，吴光等编校:《王阳明全集·大学问》，上海古籍出版社，2012 年，第 800 页。

14 王守仁撰，吴光等编校:《王阳明全集·大学问》，上海古籍出版社，2012 年，第 798—799 页。

15 王守仁撰，吴光等编校:《王阳明全集·大学问》，上海古籍出版社，2012 年，第 799 页。

16 郭庆藩撰，王孝鱼点校:《庄子集释》，北京：中华书局，1961 年，第 69—70 页。

17 郭庆藩撰，王孝鱼点校:《庄子集释》，北京：中华书局，1961 年，第 950 页。

18 郭庆藩撰，王孝鱼点校:《庄子集释》，北京：中华书局，1961 年，第 79 页。

19 鲍鹏山:《论语导读·子罕》(修订增补版)，北京：中国青年出版社，2021 年，第 207 页。

20 王先谦撰，沈啸寰、王星贤点校:《荀子集解》，北京：中华书局，1988 年，第 11 页。

21 郑玄注，孔颖达正义:《礼记正义》卷六十《大学》，阮元校刻:《十三经注疏》，北京：中华书局，2009 年，第 3631 页。

例　言

一、版本——依朱熹《四书章句集注》。章节分合也与朱熹基本一致，唯加入编码，以明逻辑关系。《大学》分列“经”一章、“传”十章。《中庸》三篇章节编码，以首字句显示分隔。

二、注释——力避烦琐，务求明白简易。理自不可异处，自然依从前人；势自不可同时，亦申一得之见。

三、译文——主要直译，目的是让读者能逐字逐句和原文对照，以掌握古文特点。直译特别拗口时，也采用意译。力求翻译句子与正文句子的一一对应，正文中一句话，翻译时也力求一句话以对应。个别意思跳脱处，翻译也注意补全逻辑环节。凡原文引述前人经典处，今译中亦先录前人原文，以示尊崇，再以括号内白话翻译之。如《中庸》多引

《诗经》，今译亦先录原诗，再作翻译。

四、导读——有阐释、发挥原义者；有说明背景、用意者。不懂有两种：一种是不知道说了些什么，所谓语言上的不懂，对此，我们通过翻译和阐释原义来解决。还有一种不懂，是不懂为什么这样说，有什么针对性？逻辑脉络何在？对此类不懂，导读中注意说明背景、阐明用意，理顺逻辑，并对原义做适当的发挥和展开。

五、正音——本书只对一些生僻字注音。其他字各种特别读法，请参照我与周缨编校的《大学中庸正音诵读》。

鲍鹏山

2021 年 10 月，于上海偏安斋

目　录

《大学》导读

《中庸》导读

第一篇

第二篇

第三篇

《大学》导读

《大学》引

一

《大学》本只是一篇文章，是《礼记》的第四十二篇。《礼记》原名《小戴礼记》，又名《小戴记》，成书于汉代，为西汉礼学家戴圣所编。那么，这篇以“大学”为题目的文章，到底要说什么，“大学”的内涵是什么？

朱熹认为《大学》是“古之大学所以教人之法”[1]，学者必由此入门，才能达于圣学。朱熹“古之大学”之“大学”，指相对于“小学”的一种学习；而作为《礼记》一篇文章题目的“大学”，则是指一种达至于“大”的“学问”。那么，这种有关于“大”的学问，到底指什么？

既然按照朱熹的说法，“大学”这一概念，来自孔子，那么，要回答这样的问题，还得回到孔子。

回到孔子，关键是回到两个问题：

第一，孔子“十又五而志于学”[2]，这个“志于学”的“学”，学的是什么？

综合孔子一生之学，孔子学过“鄙事”，学过“六艺”（礼、乐、射、御、书、数），但“志于学”的“学”，却不是此类求知识、求谋生技能的实用之“学”——这些当然是孔子乃至一般人自然会学的内容，但孔子立“志于”的“学”，当是探究宇宙人生的大道，研究历史文化，提高自己的人格境界臻于至善。

张载的“横渠四句”是“大学”的经典表述：

为天地立心，为生民立命，为往圣继绝学，为万世开太平。[3]

这样的“学”，是自我的崇高，是自我的建立，是自尊自大，所以是“大学”。

朱熹《大学章句》序明确区分“小学”乃“教之以洒扫、应对、进退之节，礼乐、射御、书数之文”，而“大学”乃“教之以穷理、正心、修己、治人之道”。虽然朱熹说这样的大、小学分类自“三代”即已如此并不可信，但孔子之“志于学”，至少最后落脚于“大学”，当无可疑。[4]

第二，孔子创办私学，他的私学与此前的官学有什么不同？他的教学目标是什么呢？

简言之，官学以“小六艺”之礼、乐、射、御、书、数为教学内容，且侧重于相关的知识和技能，目的在于培养统治阶级的“接班人”，以使贵族子弟能够熟练掌握统治术和贵族之间的游戏规则。而孔子的“私学”，其学习宗旨不再仅仅是去学礼、乐、射、御、书、数这类做官的专业和技能，而是揭示和弘扬其中的价值。礼、乐、射、御、书、数这些传统的知识和技能——小六艺，应该是教学的基础课程，但在孔子去世以后，弟子们开始编撰《论语》，在《论语》今天保存下来的二十篇五百多章里面，却没有一条关于知识问题的问答。显然，孔子对他的弟子们施于的教育，不再是赋予他们职业技能，而是本体教育——人自身的教育。这种教育是一种新型的“士”的教育，并且，孔子定位的“士”，已经不是统治阶级一个阶层的“身份”之士，也不是为了将来“出仕”的士，而是能够承担价值传承王道的“功能”之士。“志于道”（《论语》）和“尚志”（《孟子》）成为“士”的新标志。[5]士，自孔子以后，不再是身份概念，而是人格概念。[6]

通过《论语》可以看到，在孔子的私学里，孔子和他的弟子们讨论《诗》，引用《书》，探究礼（《礼》），欣赏乐（《乐》），研习《易》，评论历史（《春秋》），传统经典《诗》

《书》《礼》《乐》《易》《春秋》，这被后人称为“大六艺”的六门课程，才是孔子私学的主干课程或终极性课程，私学由此成为“大学”。教育的职能由原来的技术教育、专业知识和技能教育，一变而为真正的“大学”教育，变成了文化教育、人文教育、素质教育。[7]

孔子的私学不仅与此前的官学有很大的不同，而且与希腊的柏拉图学园也有很大的不同：创办于公元前 387 年的柏拉图学园（比孔子私学的创办大约晚了 130 多年），其主要课程设置类似于毕达哥拉斯学派的传统课题，包括了算术、几何学、天文学以及声学等，且数学是其特色。孔子的私学虽然有“小六艺”，其中也有“数”，但是在《论语》里，孔子和弟子们讨论的几乎没有纯粹的知识问题，更没有技术问题，有的全部是关于价值的讨论，几乎所有的问答都锁定一个方向：价值的阐释和估定。孔子私学与柏拉图学园的区别是：孔子私学不是拓展弟子们对物理世界的认知，而是致力于弟子们对伦理世界的认同；不是让弟子有更多的知识，而是让弟子们有更高的德性。而且，孔门对于概念的定义不感兴趣：《论语》中有人问孝，问仁，问政……问的都不是概念定义，而是道德主体在这个概念所指涉的社会价值上应该有什么样的表现和相应的素质，孔子也是循此疑问做相应回答。从这个意义上来理解孔子和他弟子们的对话，我们会发现在《论语》里面没有一条关于知识问题的问答，也就是说，学生的问，不是问概念的内涵外延；孔子的回答，也不是就相关问题下定义。《论语》里倒是有一条关于专业和技术问题的问，但孔子拒绝回答。那就是非常有名的“樊迟学稼”：

> 樊迟请学稼。子曰：“吾不如老农。”请学为圃。曰：“吾不如老圃。”樊迟出。子曰：“小人哉，樊须也！上好礼，则民莫敢不敬；上好义，则民莫敢不服；上好信，则民莫敢不用情。夫如是，则四方之民襁负其子而至矣，焉用稼？”[8]

孔子不仅拒绝回答樊迟的“学稼”“为圃”之问，还送了樊迟三个字“小人哉”。并且，孔子在骂了他三个字后，又讲了三句话：“上好礼，则民莫敢不敬；上好义，则民莫敢不服；上好信，则民莫敢不用情。”这三句话里面，他分别讲到了三个关键词：礼、义、信。这三个关键词的背后是什么？是价值！而“学稼”“为圃”，是技术。

其实细读《论语》会发现，孔子与樊迟的关系是比较近的。孔子对樊迟也是比较关心的。孔子对樊迟，做到了诲人不倦。樊迟两次问“知”，三次问“仁”（分别见于《八佾》《雍也》和《颜渊》篇），孔子都做了回答，这在《论语》里，绝无仅有。那么，孔子为什么拒绝樊迟的“学稼”“为圃”之问？作为对比，我们来看这一则，《论语·颜渊》：

> 樊迟从游于舞雩之下，曰："敢问崇德，修慝，辨惑。"子曰："善哉问！先事后得，非崇德与？攻其恶，无攻人之恶，非修慝与？一朝之忿，忘其身，以及其亲，非惑与？"[9]

"崇德""修慝""辨惑"，这三个问题，与"学稼""为圃"这两个问题，差别在哪里？

第一，"崇德"三问题，乃是有关人的本体问题，或人的基本素质问题，"崇德"之"德"，就是人之为人的本质；而"学稼"两问题，则是人在某些方面的技术能力。

第二，就逻辑分类来说，"崇德"三问题，乃是价值问题；而"学稼"两问题，乃是知识问题、技术问题。

孔子对这两类问题的不同态度，让我们发现，在孔子看来，人生的主要问题不是物理，而是伦理；不是认知事物，而是判断价值；"道问学"的最终目标不是认知客观的世界，而是"尊德性"——完善人的主观世界。

孔子的教育目标是什么？是培养完善的人，而不是让人有完善的技能。钱穆先生讲：

> 惟自孔子以后，而儒业始大变。孔子告子夏："汝为君子儒，毋为小人儒。"（《论语·雍也》）可见儒业已先有。惟孔子欲其弟子为道义儒，勿仅为职业儒，其告子

夏者即此意。[10]

章太炎《国故论衡·原儒》认为“儒”这个概念有三个指向：达名、类名和私名：

儒有三科，达名、类名、私名。所谓达名，殆公族术士之意。儒士即术士。所谓类名，殆知礼、乐、射、御、书、数之人，皆为国家桢干。所谓私名，与今人所云甚近。即《七略》所谓“儒家者流，盖出于司徒之官，助人君顺阴阳明教化者也。游文于六经之中，留意于仁义之际，祖述尧舜，宪章文武，宗师仲尼，以重其言，于道为最高”。[11]

孔子的“君子儒”，就是指这所谓“私名”指涉的“儒”：道义承担者。

孔子在中国文化史上的大贡献之一，即是使“儒”脱胎换骨，由术士进而为“祖述尧舜、宪章文武”，担当天下，担当道义，任重道远的君子儒：

士不可以不弘毅，任重而道远。仁以为己任，不亦重乎？死而后已，不亦远乎？[12]

后面我们会讲到朱熹说《大学》的作者是曾子，没有事实根据，只是他的推测，但，这却是一个合乎逻辑的推测。这逻辑，就是思想的逻辑，精神的脉络。

孔子把传统“六经”称之为“六艺”，并传授给弟子，目标不是让学生熟悉经典掌握经典，而是通过经典，使受教育者理解人，理解人生。比如孔子谈到学习《诗经》的意义，乃是“《诗》可以兴，可以观，可以群，可以怨”[13]，也就是说，《诗》的学习，可以使人获得“兴观群怨”四种素质。“兴”，是人的生命的觉醒。所以孔子又说“兴于《诗》”。[14]“观”，是观察力，洞察力，判断力。“群”，是有伦理有责任感有担当。“怨”，是有独立见解和批判精神，与“群”相对，在融入集体的同时，又能保持一己的独立。

这是“人”的教育，是使人成其为人的教育，是使人成为“大人”的教育，是“大学”。

《礼记·经解第二六》:

孔子曰：“入其国，其教可知也。其为人也：
温柔敦厚，《诗》教也；
疏通知远，《书》教也；
广博易良，《乐》教也；
洁静精微，《易》教也；
恭俭庄敬，《礼》教也；

属辞比事，《春秋》教也。

故《诗》之失，愚；《书》之失，诬；《乐》之失，奢；《易》之失，贼；《礼》之失，烦；《春秋》之失，乱。

其为人也：

温柔敦厚而不愚，则深于《诗》者也；

疏通知远而不诬，则深于《书》者也；

广博易良而不奢，则深于《乐》者也；

洁静精微而不贼，则深于《易》者也；

恭俭庄敬而不烦，则深于《礼》者也；

属辞比事而不乱，则深于《春秋》者也。”[15]

“六经”之教，落脚点全在于“人”，目标全在于使人成为“大人”！

《大学》这样开头：

大学之道，在明明德，在亲民，在止于至善。（经一章）

大学之道，在于弘扬每个人内心中的高贵，在于人类自身的改造，而其最高境界，乃是至善！

不是为了一己谋生，而是要为天下人谋生。谋天下太平，争人类福祉！

大人者，与天地合其德，与日月合其明，与四时合其序，与鬼神合其吉凶，先天而天弗违，后天而奉天时。天且弗违，而况于人乎？况于鬼神乎？[16]

大人者，不失其赤子之心者也。[17]

大人者，言不必信，行不必果，惟义所在。[18]

坐于室而见四海，处于今而论久远。疏观万物而知其情，参稽治乱而通其度，经纬天地而材官万物，制割大理而宇宙里矣。恢恢广广，孰知其极？睪睪广广，孰知其德？涫涫纷纷，孰知其形？明参日月，大满八极，夫是之谓大人。[19]

大人者，以天地万物为一体也。[20]

如此大人，如何成就？——四书五经，无不是“大学”。而《大学》，特其总论概述耳。

二

朱熹推论《大学》为曾子所编纂，在《大学章句》第一章后，朱熹注：“右经一章，盖孔子之言，而曾子述之；其传十章，则曾子之意而门人记之也。”[21] 但朱熹的这个说法其实没有什么具体依据，他也没有列出证据，只能算是推论。段玉裁曾经记过戴震十岁时的一个故事：

（老师）授《大学章句》，至“右经一章”以下，问塾师：“此何以知为孔子之言而曾子述之？又何以知为曾子之意而门人记之？”师应之曰：“此朱文公所说。”即问：“朱文公何时人？”曰：“宋朝人。”“孔子、曾子何时人？”曰：“周朝人。”“周朝、宋朝相去几何时矣？”曰：“几二千年矣。”“然则朱文公何以知然？”师无以应。[22]

我们现在看到的作为单行本的《大学》和作为《礼记》中一篇的《大学》，内容有很大差异。单行本的《大学》经过了朱熹的调整次序和更定文句。原来分为十二个自然段，朱熹将前三个自然段加在一起（删掉了最后不连贯的两句），称之“经”；把剩下的九个自然段打散重排，又新补写了一段，统称为“传”——对经文的注释和阐发。朱熹在《大学章句》“经”一章后注曰：

右经一章，盖孔子之言，而曾子述之。凡二百五字。其传十章，则曾子之意而门人记之也。旧本颇有错简，今因程子所定，而更考经文，别为序次如左。凡千五百四十六字。[23]

又注曰：

凡传文，杂引经传，若无统纪，然文理接续，血脉贯通，深浅始终，至为精密。[24]

在《大学章句》之末介绍“传”这部分内容时说：

凡传十章：前四章统论纲领指趣，后六章细论条目功夫。其第五章乃明善之要，第六章乃诚身之本，在初学尤为当务之急，读者不可以其近而忽之也。[25]

经过朱熹的一番大刀阔斧的改造，《大学》呈现出崭新的面貌：全文共1751字，凡“经”一章，“传”十章，结构严密，整饬有度，逻辑豁然，义理清晰。

参照朱熹的意见，《大学》一书的逻辑结构大致如下。

第一章为“经”。讲“三纲”与“八目”。“三纲”是：明明德、亲民和止于至善。八目是：格物、致知、诚意、正心、修身、齐家、治国、平天下。

“三纲”：朱熹讲“大学”是“大人之学”，其实就是“成就大人之学”。成就大人，就得“明明德”，要让德性中光明诚善的部分得以发育和弘扬。而大人不是“自了汉”，是需要“得志，与民由之”“先觉觉后觉”（孟子语）的，故而“明明德”之后必然是“亲民”。“亲民”不论是朱熹解作的“新民”，还是王阳明坚持的“亲民”，都是指大人以自家德性推善天下，使民众也能领受孝悌之义，从而日新月异，敦厚风俗，颁白者不负戴于道路。而无论“明明德”还是“亲民”，都是无止境之事业，故“止于至善”。此“止”，是“仁者安仁”之“安”义，也是“不止”或“无所止”之义，因为“至善”是极限概念，所以，追求至善也就无所止息，永无停歇。

“八目”：格物、致知、诚意、正心、修身、齐家、治国、平天下。

“格物”，朱熹认为是穷究事物之理，而王阳明认为是“正物”，辨定是非。故朱熹认为的“物”，是“事物”而侧重于“物”；而王阳明认为的“物”，是“事物”而侧重于“事”。王阳明“格竹子”而无所获，最终悟出的，当是世间万事万物，重在“事”而不在“物”。物自在而无是非善恶，事人为而须有臧否褒贬。“知识”在物不在事，“良知”在事不在物。从“致知”乃“致良知”的角度，王阳明的说法当更高一筹。

“致知”，就是达到智性良知。此“知”不是指“知识”，而是指“良知”。知识是对外部世界的客观认知，良知是内在善性的主观认同。一个是有关于“事实”，一个是有关于“价值”。“致知”不是指“获取知识”，而是指“唤醒良知”。

“诚意”，是指努力使自己意念真诚，表里如一（所以要慎独），不虚伪，不自欺欺人。敢于面对自己的真实感知，敢于面对自己的真实情感。

“正心”，是指努力端正自己的动机，消除邪恶之心。如《论语》樊迟所问之“修慝”。

“修身”，是此前格物、致知、诚意、正心的结果，指的是修养自己的身心，使自己成为“大人”，达到“内圣”的境界。并且有此基础，方可进入下面的层次：外王。所以，“修身”是八条目中的关键和枢纽，是一切的前提、基础和根本，故“自天子以至于庶人，壹是皆以修身为本”。

“齐家”，是“外王”的第一步，就是整治其家，在伦理上要父子有亲，长幼有序，使家庭亲亲和蔼。孔子对人引用《尚书》：“书云：‘孝乎惟孝，友于兄弟，施于有政。’是亦为政，奚其为为政。”[26]孟子对齐宣王引用《诗经》，说“刑于寡妻，至于兄弟，以御于家邦”[27]，都是在说从家族、家庭、夫妻、父子、兄弟开始，而终至于“治国”“平天下”。儒家的视野是天下，而不是诸侯的国家，且儒家的“天下”，也非指“天子”治下之天下，乃是指昊天之下的所有土地，并且其重点还不是“土地”这样的“物理空间”，而是土地之上的“人民”，是人民生活的“伦理世界”和精神世界。所以，儒家的天下观念是价值观本位，而不是地理本位；是人本位，而不是领土本位。其目标，是全人类生活的文明和和谐。

《大学》的“传十”部分，就是分别就此“三纲”“八目”做出阐释。具体如下：

传一章释明明德；传二章释新民；传三章释止于至善；

传四章释本末；传五章释格物、致知之义（本章原文阙，是朱熹“闲尝窃取程子之意以补之”的）；传六章释诚意；传七章释正心、修身；传八章释修身、齐家；传九章释齐家、治国；传十章释治国、平天下。

本书即按此编订目录。

朱熹很看重《大学》，据说临终前一天还在修改《大学章句》。他把《大学》列为“四书”之首，《中庸》次之，而后才是《论语》《孟子》。朱熹说，《大学》是“初学入德之门”，而“四书”的学习次序是：

> 某要人先读《大学》，以定其规模；次读《论语》，以立其根本；次读《孟子》以观其发越；次读《中庸》，以求古人之微妙处。[28]

当然，这是朱熹理解的通达“圣学”的入门次第。我们今日读“四书”，当有今日之立足于教育认知原理的次序。关于这一点，参见本书下卷“《中庸》引”。

［参考文献］

1 朱熹：《四书章句集注·大学章句序》，北京：中华书局，2012年，第2页。

2 鲍鹏山：《论语导读·为政》（修订增补版），北京：

中国青年出版社，2021 年，第 22 页。

3 张载著，章锡琛点校：《张载集·张子语录》（中），北京：中华书局，1978 年，第 320 页。

4 朱熹：《四书章句集注·大学章句序》，北京：中华书局，2012 年，第 2 页。

5 参阅鲍鹏山：《孔子与中国知识分子》，《名作欣赏》2020 年第 1—2 期；鲍鹏山：《论先秦私学》，《青海师范大学学报》2000 年第 3 期。

6 参阅鲍鹏山：《论语导读》（修订增补版），北京：中国青年出版社，2021 年，第 292、299 页。

7《史记·孔子世家》："孔子以诗、书、礼、乐教。"《史记·滑稽列传》："孔子曰：'六艺于治一也。《礼》以节人，《乐》以发和，《书》以道事，《诗》以达意，《易》以神化，《春秋》以义。'"（司马迁：《史记》卷四十七《孔子世家》、卷一百二十六《滑稽列传》，北京：中华书局，1982 年，第 1938、3197 页。）《周礼·地官司徒·保氏》："养国子以道。乃教之六艺：一曰五礼，二曰六乐，三曰五射，四曰五驭，五曰六书，六曰九数。"（阮元校刻：《十三经注疏》，北京：中华书局，2009 年，第 1575 页。）章太炎《国学讲演录》："六经者，大艺也；礼、乐、射、御、书、数者，小艺也。语似分歧，实无二致。古人先识文字，后究大学之道。"（章太炎讲演，诸祖耿、王謇、王乘六等记录：《章太炎国学讲演录·小学略说》，北京：中华书局，2013年，第111页。）

8 鲍鹏山：《论语导读·子路》（修订增补版），北京：中国青年出版社，2021年，第277—278页。

9 鲍鹏山：《论语导读·颜渊》（修订增补版），北京：中国青年出版社，2021年，第267页。

10 钱穆：《孔子传》，北京：生活·读书·新知三联书店，2005年，第8页。

11 章太炎撰，陈平原导读：《国故论衡》，上海古籍出版社，2019年，第104—107页。

12 鲍鹏山：《论语导读·泰伯》（修订增补版），北京：中国青年出版社，2021年，第173页。

13 鲍鹏山：《论语导读·阳货》（修订增补版），北京：中国青年出版社，2021年，第401—402页。

14 鲍鹏山：《论语导读·阳货》（修订增补版），北京：中国青年出版社，2021年，第174页。

15 郑玄注，孔颖达正义：《礼记正义》卷五十《经解》，阮元校刻：《十三经注疏》，北京：中华书局，2009年，第3493页。

16《乾·文言》释九五爻。王弼注，孔颖达正义：《周易正义》，阮元校刻：《十三经注疏》，北京：中华书局，2009年，第30页。

17 朱熹：《四书章句集注·孟子集注·离娄下》，北京：中华书局，2012年，第297页。

18 朱熹：《四书章句集注·孟子集注·离娄下》，北京：中华书局，2012年，第297页。

19 王先谦撰，沈啸寰、王星贤点校：《荀子集解·解蔽》，北京：中华书局，1988年，第397页。

20 王守仁撰，吴光等编校：《王阳明全集·亲民堂记》，上海古籍出版社，2012年，第799页。

21 朱熹：《四书章句集注·大学章句》，北京：中华书局，2012年，第5页。

22 江藩：《国朝汉学师承记》，北京：中华书局，2012年，第85页。

23 朱熹：《四书章句集注·大学章句》，北京：中华书局，2012年，第4页。

24 朱熹：《四书章句集注·大学章句》，北京：中华书局，2012年，第4页。

25 朱熹：《四书章句集注·大学章句》，北京：中华书局，2012年，第14页。

26 鲍鹏山：《论语导读·为政》（修订增补版），北京：中国青年出版社，2021年，第36页。

27 朱熹：《四书章句集注·孟子集注·梁惠王上》，北京：中华书局，2012年，第209页。

28 黎靖德编，王星贤点校：《朱子语类》卷十四《大学一·纲领》，北京：中华书局，1986年，第249页。

经一章

大学之道[1]，在明明德[2]，在亲民[3]，在止于至善[4]。

知止而后有定，定而后能静，静而后能安，安而后能虑，虑而后能得。

物有本末，事有终始，知所先后，则近道矣[5]。

古之欲明明德于天下者，先治其国；欲治其国者，先齐其家；欲齐其家者，先修其身；欲修其身者，先正其心；欲正其心者，先诚其意；欲诚其意者，先致其知；致知在格物[6]。

物格而后知至，知至而后意诚，意诚而后心正，心正而后身修，身修而后家齐，家齐而后国治，国治而后天下平。

自天子以至于庶人[7]，壹是皆以修身为本[8]。其本乱而末治者，否矣。其所厚者薄，而其所薄者厚[9]，未之有也。

[译文]

大学之道，在发扬自我内在天赋的善性，在于推己及人焕新人民的心性，在于追求并安居于至善的境界。

知道自己要去和要安居的地方就志有定向，志有定向就能心神宁静，心神宁静就能举止安详，举止安详就能思虑周到，思虑周到就能有所获得。

万物都有本有末，万事都有始有终，做人做事能知道先后，就近于大学之道了。

古代凡是想把善性发扬到天下的人，先要治好自己的国家；想治好自己的国家，先要安顿好自己的家族；想整顿好自己的家族，先要修养好自身；想修养好自身，先要端正自己的心；想端正自己的心，先使自己的意念真诚；想使自己意念真诚，先推知善恶；推知善恶的关键就在于分辨事物的是非。

事物的是非分辨了，鉴别善恶的识见才能获得；善恶的识见获得了，意念才能真诚；意念真诚了，居心才能端正；居心端正了，身才能修好；身修好了，家族才能安顿好；家族安顿好了，国家才能治理好；国家治理好了，才能使天下太平。

从天子到普通人都以修身作根本，根本混乱而支末有序是不可能的。把本该重视的根本（修身）轻视为末节，而把末节当作根本来重视，这样能成事是没有的。

[注释]

1 大学：指大人之学，成人之学，与今天以知识体系和专业知识、技能的教育和学习不同，大学是价值观教育，是人格养成，如修身齐家治国平天下等。王夫之《四书训义》："谓夫大学者，所以教人修已治人而成大人之德业者也。"

2 明明德：第一个"明"是动词，发扬光大。第二个"明"是形容词，光明。明德：光明的德性，人之天赋善性。明明德：弘扬人固有的、天赋的善性。

3 亲民：程颐认为"亲"当作"新"。朱熹："新者，革其旧之谓也。言既自明其明德，又当推以及人，使之亦有以去其旧染之污也。"新，即焕新、革新。新民，使人弃旧图新。

4 止：在此有两义：停止；居止。就"停止"言，因为"至善"是个极限概念，永远不能到达，所以，这个停止实际上是永不停止的意思。就"居止"言，是仁者安仁的意思，是孔子讲颜回"不违仁"的意思。朱熹言："必至于是而不迁之意。"

5 朱熹："明德为本，新民为末。知止为始，能得为终。本始所先，末终所后。"先明德，后新民；明德是根本，新民是枝叶。

6 明明德于天下：朱熹解释为"使天下之人皆有以明其

明德也”，即养育弘扬天下人的善性。治：治理好。齐：整齐，整顿好。家：家族。按周朝的分封制，诸侯在其国内要将部分土地和人口分封给卿大夫，以血缘关系为纽带的卿大夫家族（包括其封地、官守）叫作家。诚：真诚，实诚，这里作动词，使真诚的意思。意：意念，想法。朱熹：“诚，实也。意者，心之所发也。实其心之所发，欲其一于善而无自欺也。”意指每一个意念的发生都出于内在的诚善。致：获得。知：鉴别，鉴别善恶。朱熹：“致，推极也。知，犹识也。推极吾之知识，欲其所知无不尽也。”格物：儒家哲学的概念，指穷尽事物之理，无所不知。格：研究、分辨、穷尽物之是非。朱熹：“格，至也。物，犹事也。穷至事物之理，欲其极处无不到也。”格有推敲之意。按：格物致知的“知”，主要不是指“知事实”，而是指“知价值”，不是获取知识，而是明白是非。这里的“知”，应该是指“良知”，而不是“知识”。

7 庶人：指地位在士以下的平民。

8 壹是：全部。格物、致知、诚意、正心皆是修身内圣，都是明明德，为本，天子以至庶民，皆得为之；齐家、治国、平天下，乃外王，都是新民，为末，有天下有国有家有职位者（天子、诸侯、大夫、士）为之。

9 其所厚者薄，而其所薄者厚：厚，厚待，引申为重视；薄，轻视。把本该重视的根本（修身）轻视为末节，而把末节当作根本来重视。

［导读］

朱熹在这章下，注曰："右经一章，盖孔子之言，而曾子述之。（凡二百五字）其传十章，则曾子之意而门人记之也。旧本颇有错简，今因程子所定，而更考经文，别为序次如左。（凡千五百四十六字）"

意思是，上面这一章，是孔子的话，说给曾子听的，205个字，然后曾子传述下来的。既然是孔子的话，那就是"经"，而接下来的下文，共分十章，就是"传"，是曾子的思想，是曾子的门人记述的，经过程颐的整理考订，有了这个次序，总共有1546个字。如此，则《大学》总共1751个字。

这一章需要说明的第一个关键词就是"大学"。它不是我们今天说的小学中学大学之大学，不是指一个学习阶段，不是指一种学习方式，也不是指一种学习机构或平台，而是指一种"学问"，其读法的重音在"大"字，我们可以将其理解为"大之学"，就是关于"大"的学问或学习。这个大，是什么学问？简言之，是大人之学，是大成之学，是成人之学，用倒转语法来读，"大学"就是"学大"，学着让自己大起来。能让人大起来的学问，以及以大起来为目标的学习，就叫大学。

什么叫"大"呢？就是有大胸襟，大眼界，大志向，大境界。对于“大学”这个概念，如果译成英文，怎么个译法？理雅各（James Legge）翻译成“The Great Learning”；辜鸿铭则翻译成“The Higher Education”；理雅各的翻译更接近原意一些。因为“大学”的关键词首先是学习（Learning），是一个人自觉地学习和自我人格修炼，然后才是教育（Education）——修身为本，新民为末。

朱熹在《大学章句序》中讲道：“人生八岁，则自王公以下至于庶人之子弟，皆入小学，而教之以洒扫、应对、进退之节，礼乐、射御、书数之文。及其十有五年，则自天子之元子、众子，以至公、卿、大夫、元士之适子（即嫡子），与凡民之俊秀，皆入‘大学’而教之以穷理、正心、修己、治人之道。”可见，古时候的“大学”，是立身之学，而不是职业、专业及相关的知识、技艺之学。这就是“大学之道”。

接下来的三句话，是讲“大学之道”的“三纲”：第一，明明德；第二，新民；第三，止于至善。

“三纲”的关系，从时间角度讲，可以说是并列关系，因为每一时刻我们都要做这三件事，但从逻辑角度讲，却是有次序的递进关系：先自我修身，再教化人民，并且，这一进程一旦展开，就无有停止，必须向最高的“至善”不息进发，最终止息于“至善”，仁者安仁，终生不违仁。下文讲有始有终，有本有末，其始终本末，讲的就是这三者之间的逻辑先后关系。

需要提醒的，是“止于至善”这句话。因为至善是个极限概念，所以，止于至善其实是永无停止，不达至善不可停止。就认知世界论，真理永远没有“结论”，所以，对世界的认知永远不可终结；就内在生命的自我完善论，《大学》是要我们开放生命，开放认知，让生命始终都在成长，我们的理性生命和德性生命，都必须永远保持活泼泼的状态。不可故步自封、自我了断，生活不了，生命长新。

“三纲”而后，就是“八目”：格物、致知、诚意、正心、修身、齐家、治国、平天下。“三纲”是目标，“八目”就是路径和过程。如同“三纲”有始终本末一样，“八目”也有严格的顺序，这顺序也不是时间的先后，而是事理逻辑的先后，不可颠倒：由格物到致知，到诚意，到正心，到修身，到齐家，到治国，到平天下。

除了三纲八目，这一章还有止、定、静、安、虑、得这六个逻辑展开的概念。这六个概念，是我们人生有所成就的六个关键词，甚至是成就人生的必备条件。这六个关键词，去掉任何一个，我们都很难成功。

所以，这 205 个字，是《大学》这篇文章的“经”，后面的 1546 个字，都是在阐释这个“经”。这 205 个字，也是我们的人生之纲，纲举目张，人生开挂。

传一章（释明明德）

《康诰》曰[1]：“克明德[2]。”《大甲》曰[3]：“顾諟天之明命[4]。”《帝典》曰[5]：“克明峻德[6]。”皆自明也。

［译文］

《康诰》上说：“克明德。”（文王能够发扬明德。）《大甲》上说：“顾諟天之明命。”（你应当顾念这上天赋予你的善性。）《帝典》上说：“克明峻德。”（尧能发扬大德。）这些都是在讲自我发扬本性中的光明之德。

［注释］

1《康诰》：《尚书·周书》中的一篇。《尚书》又名《书》《书经》，内分《虞书》《夏书》《商书》《周书》四部分。汉以后将其列为“五经”之一。《史记·卫康叔世家》：“卫康叔名封，周武王同母少弟也。……周公旦以成王命兴师伐殷，杀武庚禄父、管叔，放蔡叔。以武庚殷余民封康叔为卫君，居河淇间故商墟。周公旦惧康叔齿少，乃申告康叔曰：‘必求殷之贤人君子长者，问其先殷所以兴所以亡，而务爱民。’”周公申告康叔封，此即《康诰》。

2 克：能、能够。《康诰》“惟乃丕显考文王，克明德”，周公以父亲文王为榜样训诫康叔。

3《大甲》：大，音义同“太”，指《太甲上》，《尚书·商书》中的一篇。

4 顾：回头看，这里是顾念珍重的意思。：諟同“是”，代词，这个。天之明命：天赋予我的善性。命，指“性命”，天赋之德。朱熹曰：“天之明命，即天之所以与我，而我之所以为德者也。”明命即明德。

5《帝典》：即《尧典》，《尚书·虞书》中的一篇。

6 峻：俊，大。

［导读］

朱熹说：“右传之首章。释明明德。”不过，这个“释”，其实只是引用了《尚书》中的三段话，三段关于人应当顾念、珍惜和发扬自身“明德”的言论。接下来的传二、传三也是采用这种引经据典的方法。这看起来好像作者自己没有观点，只是在重复古人的话。其实，在经典中择录、汰选出这类言论，不仅展现出经典在这类主题上固有的思想，更显示出择录者自身的观点——观点就是观测点，他的观测点在这里，他在经典的宝库中找出了这些东西，就说明了他的注目之处。其实，在经典中能发现什么，首先取决于寻找者知道自己要找什么。你进入库房，只有先知道你要找什么，然后才能找到它。《大学》的作者，他知道人生最重要的是什么，然后，他才能在经典中找到相关的论述。从这个角度讲，任何古代经典的再发现，其实都不过是现实生活的印证：生活中什么问题出现了，或什么意义凸显了，经典中的这类主题才会被人重视和发现。

其实，《尚书》中的这三段话，本质上是对人的主体性的肯定和尊敬。“明德”“明命”和“峻德”，都是人自身所有而天命所在，是天之所与而人之自得。人的道德使命，首先是，根本是，珍惜、顾念和养育这天赋之性命，使之发扬光大。《荀子·子道》篇所载的颜回的“仁者自爱”，讲的就是这种对自己道德生命的珍爱。人的主体性，其核心内涵，就是人的道德自觉，就是人的道德生命，就是人对自身道德生命的珍惜、维护和弘扬。

传二章（释新民）

汤之盘铭曰[1]："苟日新[2]，日日新，又日新。"《康诰》曰："作新民[3]。"《诗》曰[4]："周虽旧邦，其命惟新[5]。"

是故君子无所不用其极[6]。

［译文］

商汤沐浴盆上的铭辞说："苟日新，日日新，又日新。"（如能一日自新，就该日日自新，每日自新。）《康诰》上说："作新民。"（造就新人。）《诗经》上说："周虽旧邦，其命惟新。"（周虽是古老邦国，但其获得了新的天命。）

所以君子没有任何地方不用最高的标准自新、新民。

[注释]

1 汤：又称成汤，商汤。殷商开国的君主，儒家古代“圣王”之一。盘：沐浴之具。铭：铸刻在器皿上用以记录铸器缘起、自我鞭策或警醒的文字。

2 苟：假如，如果。朱熹：“言诚能一日有以涤其旧染之污而自新，则当因其已新者，而日日新之，又日新之，不可略有间断也。”

3 作新民：振作（造就）一代新人。

4《诗》：其下所引乃出自《诗经・大雅・文王》篇。

5 周虽旧邦，其命惟新：周虽是古老邦国，但其获得了新的天命。《周易・系辞上》云：“富有之谓大业，日新之谓盛德，生生之谓易。”朱熹认为，文王之所以能获得天命，原因就在于其能自新且能新民：“言周国虽旧，至于文王，能新其德以及于民，而始受天命也。”亦通。

6 无所：无处。极，《说文解字》：“极，栋也。”房屋正中最高的房梁，后引申为最高处，极限。无所不用其极，指君子在任何地方，都用最高的标准自新、新民。

[导读]

朱熹在此章下注曰：“右传之二章，释新民。”

和上一章一样，这一章也是从古代圣贤语录里引用三则关于“自新”“新民”的言论，以支撑起自己的观点。值得注意的是，朱熹说这一章作为传的第二部分，是“释新民”，其实不仅如此，还有更重要的“自新”。“自新”就是“修身”，就是“明明德”，这是“本”，是“始”，“新民”相对而言，是“末”，是“终”。故本章开头所言汤之盘铭，讲的是“自新”。不过，“明明德”，在上一章已然有了阐释，所以，朱熹这一章就特别强调了“新民”。

还有一点，是章法上的特点。在连引三条圣贤语录之后，直接给出结论——“是故君子无所不用其极”，这是古文中常见的以圣贤语录自证的方法。这种方法的合理性，不是来自逻辑的力量，而是来自权威的力量。作为价值论证，这种方法有其合理性。

此章最感奋人心的，是汤之盘铭的“苟日新，日日新，又日新”。这种不止不息、时刻自新的精神，葆有了一个人道德生命的永在生长，哪怕人的生理生命在自然衰退，但其人格精神仍然在日日精进。孔子的一生就是这种不息自新精神的典范：十五志学，三十而立，四十不惑，五十知天命，六十耳顺，七十而从心所欲不逾矩。这十年一个人生境界的台阶，十年一个生命境界的台阶，就是日日新又日新的结果。从这个角度讲，现在很多人认为的“中国传统文化、儒家文化是一种保守的文化、自闭的文化”是多么荒唐。任何文化，当其成为一种传统，一种价值体系，一种生活方式时，都有保守的一面，但这种“保守”，是对一种生活方式、一种价值观的保护和守持，这种保护和守持是文化的应有内涵，是文化自身存在和延续的必要条件，这与一种文化的价值观本身是否趋向保守消极，是否故步自封、不思进取、不再自新是两个不同逻辑层次的问题，不可混淆。

这一章中所引的“周虽旧邦，其命惟新”，也包含着生命的哲理。周这个旧邦（部落）从后稷至周文王共有十五王，已有几百年的历史，确实是“旧邦”，但是，它却获得了、承担了新的天命（使命），成为“王道”的承载者、传承者和弘扬者，从而获得了新的生命。在前面讲的孔子的一生经历中，我们已经看到，要让一个人葆有活泼泼的勇猛精进的人生，必须使之具有使命感和担当精神，因为有了担当，生命有了新的价值和目标，就相当于获得了新的生命。从某种意义上说，使命就是生命。古人说五十为老，但是，孔子到了五十岁，知天命了，他的生命反而不老了。他开始走出书斋走进现实政治，在鲁国展开一场政治理想的实践，然后，又走出鲁国，周游列国，把自己的生命变成了文化的播种机、理想的宣言书。年近七十回国之后，他又展开了一场新的生命之旅：整理六经，编纂《春秋》，成为中国学术的集大成者和源头。孔子之前的文化，赖孔子而传；孔子之后的文化，赖孔子而开。他由此实现了生命的永恒不朽：随着中国文化的展开延续，他的生命在不断展开延续；随着中国文化的流传新变，他的生命也在不断日新！

本章的主体，还是在“新民”。这里的“新民”，不是指民之自新；民若能自新，就成自新之人，逻辑上已经属于“明明德”的范畴。这里讲的“新”，是使动用法，“新民”是“使民新”的意思，是指“天民之先觉者”，主动承担起“新民”的责任。《孟子·万章上》记载的伊尹的故事，就是一个典型：

> 汤三使往聘之，既而幡然改曰：“与我处畎亩之中，由是以乐尧舜之道，吾岂若使是君为尧舜之君哉？吾岂若使是民为尧舜之民哉？吾岂若于吾身亲见之哉？天之生此民也，使先知觉后知，使先觉觉后觉也。予，天民之先觉者也。予将以斯道觉斯民也。非予觉之而谁也？”思天下之民，匹夫匹妇有不被尧舜之泽者，若己推而内之沟中，其自任以天下之重如此，故就汤而说之以伐夏救民。

救民有两种，一种是“解民”，解民倒悬，把人民从暴政之下解救出来，此非常之时的非常之举，救的是民的肉体生命。还有一种是“新民”，使人民从愚昧状态中觉醒过来，唤醒他们的良知良能，唤醒他们的道德自觉。有了道德自觉的人，才是一个具备主体意识的人，才是一个文化意义上的人，这种救民，救的是民的道德生命，到此，民就会“自觉”，自觉就是“自新”，民都能自觉和自新了，民族就一直在自新中，人类就一直在自新中。

这显然带有鲜明的精英意识。认识到自己是“天民之先觉者”，是精英意识的核心内涵。近代中国处于生死存亡的关头（彼时中国的生死存亡不仅表现为外患内忧，更表现为中国人整体的蒙昧，整体道德生命的不自觉而自沉沦）。梁启超 1902 年 2 月 8 日在横滨出版《新民丛报》，从 1902 年至 1906 年，用“中国之新民”的笔名，在《新民丛报》上发表 20 篇政论文章，总名《新民说》，并于 1936 年以单行本出版。其目的，就是期望唤起中国人民的自觉，就是期望帝国时代皇帝的臣民，可以转化为现代国家的国民，在 20 世纪的中国起了启蒙作用。

孟子笔下的伊尹是这样的，而孟子笔下的伊尹，其实就是孟子。孔子也是，他终生学而不厌，明明德也；创办私学，诲人不倦，新民也。

传三章（释止于至善）

《诗》云[1]：“邦畿千里[2]，惟民所止[3]。”

《诗》云[4]：“缗蛮黄鸟[5]，止于丘隅[6]。”子曰[7]：“于止，知其所止[8]，可以人而不如鸟乎？”

《诗》云[9]：“穆穆文王[10]，於缉熙敬止[11]。”为人君，止于仁；为人臣，止于敬；为人子，止于孝；为人父，止于慈；与国人交[12]，止于信。

《诗》云[13]：“瞻彼淇澳[14]，菉竹猗猗[15]。有斐君子[16]，如切如磋，如琢如磨[17]。瑟兮僩兮[18]，赫兮喧兮[19]。有斐君子，终不可諠兮[20]。”如切如磋者，道学也[21]；如琢如磨者，自修也；瑟兮僩兮者，恂慄也[22]；赫兮喧兮者，威仪也。有斐君子，终不可諠兮者，道盛德至善，民之不能忘也。

《诗》云[23]：“於戏[24]！前王不忘[25]。”君子贤其贤而亲其亲，小人乐其乐而利其利[26]，此以没世不忘也[27]。

［译文］

《诗经》上说：“邦畿千里，惟民所止。”（邦畿千里，民之安居。）

《诗经》上说：“缗蛮黄鸟，止于丘隅。”（嘤嘤黄鸟，休止山冈。）夫子说：“居止之时，黄鸟都知道它该停留在什么地方，难道人还不如鸟吗？”

《诗经》上说：“穆穆文王，於缉熙敬止。”（思虑深远的文王，承绪光明，知敬知止。）做君主安于仁，做臣子安于敬，做子女安于孝，做父亲安于慈，和国人交往本于信。

《诗经》上说：“瞻彼淇澳，菉竹猗猗。有斐君子，如切如磋，如琢如磨。瑟兮僩兮，赫兮喧兮。有斐君子，终不可兮。”（看那淇水之湾，绿竹光亮茂盛。有个文雅君子，如切如磋，如琢如磨。庄重啊刚毅啊，盛大啊光明啊。如此文雅君子，终究难以忘怀啊。）如切如磋，是说他努力地学习；如琢如磨，是说他自我磨炼。庄重啊刚毅啊，是说他谨慎小心；盛大啊光明啊，是说他仪表威严。这样文雅的君子，终究不可忘怀，是说他盛大的德行达到了至善境界，人民不能忘记他啊。

《诗经》上说："於戏！前王不忘。"（啊，不要忘记前王啊！）君子推崇前王所推崇的贤人并亲爱前王所亲爱的人，小人享受前王所创造的安乐并享受前王所留下的好处，这就是前王虽已去世但人民不会忘记他们的原因啊。

［注释］

1《诗》：指《诗经·商颂·玄鸟》篇。

2 邦畿（jī）千里：邦畿，古代指直属于天子的疆域。邦畿千里，指直属于天子的广大区域。

3 所止：停留、居住的地方。止：朱熹《大学章句注》："止，居也，言物各有所当止之处也。"惟民所止：有王道乐土，民之安居的意思。《论语·泰伯》载："危邦不入，乱邦不居。"《孟子·尽心上》："莫非命也，顺受其正，是故知命者不立乎岩墙之下。尽其道而死者，正命也；桎梏死者，非正命也。"都有君子知其栖止的意思。

4《诗》：指《诗经·小雅·绵蛮》篇。

5 缗（mián）蛮：缗，同"绵"，鸟鸣声。黄鸟的呼叫声。

6 丘隅：山边。有出处穷通栖止择人的意思。

7 子：《大学》中"子曰"的"子"，都是指孔子。以下不再注。

8 于止：在鸟要停止的时候。知其所止：知道自己该止于何处。下文五个"止于"，有"保持在某种状态"的意思。

9《诗》：指《诗经·大雅·文王》篇。

10 穆穆文王：穆穆，深远的样子。文王，周文王，儒家理想的古代“圣王”之一。

11 於（wū）：表示赞叹的语气词，相当于“啊”。缉熙：郑玄等人都解释为光明。朱熹：“缉，继续也；熙，光明也。”敬止，知敬知止。朱熹：“言其无不敬而安所止也。引此而言圣人之止，无非至善。”

12 国人：与“野人”对称，是周朝治下的一类民众。“国人”居住在城邑或近郊地区，他们中大多数人是原先周—姜部落联盟的后裔，享有一系列特权，比如较轻的税负、官学教育机会乃至于对国家政策表达意见等。与此相关的义务是保家卫国。在周朝，除周王所在的宗主国之外，大部分城邑诸侯国没有常备军，“国人”就是随时召之即来来之能战的军人。“野人”是周部落到来之前的当地原住民的后裔，居住在远离城邑的地方，他们没有服兵役和作战的义务，但也没有上述的“国人”享有的在税负、教育和政治上的特权。

13《诗》：指《诗经·卫风·淇奥》篇。

14 淇：淇水。澳（yù）：水边弯曲处。“澳”在《诗经》中作“奥”。

15 菉（lù）：《诗经》作“绿”。猗（yī）猗：美好茂盛的样子。

16 斐（fěi）：有文采的样子。

17 切：把骨头切削成各种器物。磋：把象牙磨制成各种器物。琢：雕刻玉石，制成器物。磨：用沙石磨光。朱熹："切以刀锯，琢以椎凿，皆裁物使成形质也。磋以鑢钖（lǜ tāng，鑢：磋磨骨角铜铁等使之光滑的工具；钖：以铁为断，凡木石有斤斧痕迹者，摩之令平也），磨以沙石，皆治物使其滑泽也。治骨角者，既切而复磋之。治玉石者，既琢而复磨之。皆言其治之有绪，而益致其精也。"

18 瑟：细密，庄重。僩（xiàn）：刚毅，强大。

19 赫：显赫，盛大。喧：显著，光明。

20 諠（xuān）：忘记。

21 道：言，说。学：朱熹"谓讲习讨论之事"，下文"自修者"，朱熹解为"省察克治之功"。

22 恂慄（xún lì）：谨慎战惧貌。

23《诗》：指《诗经·周颂·烈文》篇。

24 於戏（wū hū）：同"呜呼"，感叹词。

25 前王：前代的君主，指周文王、周武王。

26 贤其贤：第一个"贤"字是动词，尊重，以为贤的意思。第二个"贤"是名词，指有"才德"的人。下文"亲其亲""乐其乐""利其利"语法同此。四个"其"，都是代指"前王"。

27 此以：这就是。没（mò）世：去世以后。朱熹：

“此言前王所以新民者止于至善，能使天下后世无一物不得其所，所以既没世而人思慕之，愈久而不忘也。”

［导读］

朱熹说，这一章是解释“止于至善”的。

此章的关键词是“止”。

止，是目标，也是起点；是结果，也是过程；是终止时的所在，也是进行时的状态。

止，既是一个点，也贯穿整个过程。作为一个点，是指人生必须经历一个过程，然后才可以止，如孔子的人生六大阶段，十五、三十、四十、五十、六十、七十都是节点，都是止点，都是前面十年努力的结果，人生没有努力，就没有止点。很多人一辈子浑浑噩噩，多是因为没有努力而无所成就。无所成就的人，是没有止点的。

但这个止，更是指人生的每一当下时刻：每一当下时刻，我们的心放在什么地方？是止于仁德，还是止于利害计较？所以，汉语有一个词：居心，就是把你的心停止在哪里，寄放在哪里。正因为孔子每一个此刻，每一个当下，都居心于仁德之中，居心于对明明德的追求，都保持自新的状态，所以才有十年一个的时间节点，才有那种结果形式的“止”。简言之，你只有随时随刻都让心灵止于勇猛精进，努力成就事业，才能获得成功的境界，并止于这个境界。

《佛遗教经》:“是故汝等，当好制心。心之可畏，甚于毒蛇、恶兽、怨贼；大火越逸，未足喻也。……当急挫之，无令放逸。纵此心者，丧人善事。制之（心）一处，无事不办。”“制之一处”，即“止之一处”，使之制动、停止于一处，心无旁骛，倘能如此，则“无事不办”。

止，既是终止，也是开始。

终止好理解。开始，则指出发点。比如赛跑，终点是止，出发点也是止，选定此点作为出发点，也是止。

人生的关键，确实是要清楚如何自处。自处，就是止。

把自己当什么，期待自己成为什么，这都是“止”。人确实是这样的主体：观念决定性质，观念决定品质。你希望你成为什么人，你才能最终成为什么人。所以，“止”是什么？止，既是当下我锚定自己在哪里，也是未来我期望自己在哪里。

本章与上两章一样，都是用的权威论证法。这一章的特色是，所引五条言论，都来自《诗经》。可见，古人读《诗经》，不像我们今天，是把它作为“诗”来读，而是把它作为“经”来读。何为“经”？天下之常道，人生之正道也！

传四章（释本末）

子曰：“听讼[1]，吾犹人也[2]，必也使无讼乎！”无情者不得尽其辞[3]，大畏民志[4]，此谓知本[5]。

[译文]

夫子说：“审理案件，我是和别人一样的，但我一定要使诉讼的事件根本不发生！”无真实委屈的人不会把虚妄的言论散布出来，使他们内心充分敬畏道德，这就叫作知道了根本。

[注释]

1 讼：诉讼，打官司。孔子这段话出自《论语·颜渊》。

2 犹人：与人无异。

3 无情者：朱熹解为“无实之人”，似不确，当为“无真实委屈的人”。不得，一般理解为“不敢”，朱熹亦持此解，疑不确，当为“不会”“不至于”，详下导读。尽：完全表达出来。辞：言辞，这里指虚诞不实的言论。

4 大畏民志：大，表示程度，充分、足够之意。畏，畏慎，在此是“使之敬畏”的意思。畏民志，使民众心存敬畏。

5 本：根本，指修身。“自天子以至于庶人，壹是皆以修身为本”（经一章）。朱熹：“引夫子之言，而言圣人能使无实之人不敢尽其虚诞之辞。盖我之明德既明，自然有以畏服民之心志，故讼不待听而自无也。观于此言，可以知本末之先后矣。”

[导读]

朱熹在此章下，注曰：“右传之四章。释本末。”

何为本？修身为本，明明德为本。何为末？新民为末。本章引孔子的话出自《论语·颜渊》，我在《论语导读》（修订增补版，中国青年出版社）中这样导读：

> 孔子的理想不是去做一个好法官，而是做一个导师，引导人民有仁德，讲信义，从而消除诉讼。
>
> 其实，法律的最高境界不是法理，而是天理。理论

上说，法理必须体现天理实现天理，是天理在人间的文字呈现；但是，世事复杂纷繁，人间成文法无法一一预为对策；何况法律的制定往往受制于统治者的德性、智慧与利益，受制于时代局限，无法完美完善。所以，无论法规如何完备，法律体系和司法程序如何健全，人类的良知永远不可或缺。西人的陪审团往往由非法律专业人士组成，正是希冀陪审团不受法律条文干扰而听命内心良知也。

法庭之上，无论有多么专业的法官，永远不可没有圣人和上帝。人间社会，无论有多少成文法典，永远不可或缺《论语》和《圣经》。

人类，不能仅仅畏惧法律，还需敬畏圣贤和神；用孔子的话说，不能仅仅“民免而无耻”，还必须“有耻且格”，有内心的是非。

其实，从本末的角度讲，天理为本，法理为末，法理体现天理遵循天理；神圣为本，法官为末，法官的职责就是利用法律体现天理，体现神圣的德性和意志。“大畏民志”，就是人民有了敬畏心。而敬畏心，也有本有末：敬畏神灵敬畏德性为本，敬畏法律惧怕惩罚为末。

说明一下，孔子的“无讼”，是指人心良善，不占不贪，自然无讼；即便有了矛盾，也温良谦让，私下协商解决，不必诉讼。此处言："无情者不得尽其辞"之"不得"，似不是"使之不敢"的意思，而是"使之不会"的意思。"大畏民志"的意思，也不是使之惧怕惩罚，而是使之自觉敬畏明德，本分不贪而不是动辄兴起诉讼，侥幸求逞。

传五章（释格物、致知之义）

此谓知本。[1]

（所谓致知在格物者，言欲致吾之知，在即物而穷其理也。盖人心之灵莫不有知，而天下之物莫不有理，惟于理有未穷，故其知有不尽也。是以大学始教，必使学者即凡天下之物，莫不因其已知之理而益穷之，以求至乎其极。至于用力之久，而一旦豁然贯通焉，则众物之表里精粗无不到，而吾心之全体大用无不明矣。此谓物格。）此谓知之至也。[2]

［译文］

这就叫知道了要本。

（所谓获取知识在于穷究物理，是说要使我们获得认知，就需要接触事物而穷尽其理。大概说来，人的心都是灵动的，灵敏无不有认知的能力，而天下万物也无不有其规律道理。因为人对于规律道理未能穷尽，所以人的认知也没有尽头。因此大学的教育之始，必得先让学习者接触天下万物，无不根据自己的已知之理去穷尽未知之理，以求达至认识的极点。如此一直长久用功，终有一天豁然贯通了，则万物的表里内外精微粗浅没有认识不到的，而我们心灵的本体与功用也无不洞察明白了。这就是格物。）这就是认知的最高境界。

［注释］

1 此一句程颐以为是衍文。

2 本章仅两句，第一句“此谓知本”还是衍文，则仅此一句“此谓知之至也”，显然有阙文。上文括号内的文字，是朱熹的意补（闲尝窃取程子之意以补之）。按：在《礼记·大学》中，此两句在第一章经文后面。朱熹：“此章旧本通下章，误在经文之下。”

［导读］

此章本只有没头没尾又互不关联的两句话。宋代哲学家程颐还认为第一句话是衍文，应删去，那就只剩一句话了。程颐的话是有道理的。但接着问题就来了：“此谓知之至也”，显然是总结性的句子，而且前面还有一个代词“此”，那就说明，前面一定丢失了这个“此”所指代的内容。而“知之至”，又说明这丢失的内容一定是谈“知”的。根据前面经文“八目”及其顺序，再看接下来的文字讲“诚意”“正心”“修身”等，朱熹认为，这丢失的内容，应该是解释“格物、致知”的：“右传之五章，盖释格物、致知之义，而今亡矣。闲尝窃取程子之意以补之。”

朱子补写的这段话，意思可以分三层理解：第一,万物有无穷之理，而人心有无穷之认知。这不是说人生的苦役漫无了期，而是说人生的意义无有穷尽；世界无穷无尽之奥秘，使得我们的人生有无穷无尽之意义。这是“天人合一”的基本前提。天人合一，在哪里契合？就在“无穷之理”与“无穷认知”上契合。

第二，伦理上的“至善”，是一个极限概念；物理上的“致知”也是一个极限概念（致知也是“致于至知”）。“至善”是永在追求中，“至知”是永在追寻中，故朱熹说“以求至乎其极”。苏格拉底言“知识即是善”，即知识是最高的善的意思。“知识即善”，一是说求知的最后，必然至于求善；二是说求知这种行为本身，即是善。

第三，虽然世有万物，物有万理，然人之目标，不是以自身心胸去认知无穷世界，而是通过认知无穷世界而认知自身心胸，达至于智慧豁然，心理明澈。故，由物理、伦理，最终达至于心理，是大学的次序与最终目标。物理以广认知、增知识，伦理以明人情、通礼义，心理以致仁慈、获智慧。故，大学，是成人之学；而成人之道，在成就其心智。大学，是有关人的学问，是有关人的主体性如何发挥的学问。

传六章（释诚意）

所谓诚其意者，毋自欺也[1]。如恶恶臭，如好好色[2]，此之谓自谦[3]。故君子必慎其独也[4]。

小人闲居为不善[5]，无所不至，见君子而后厌然[6]，掩其不善而著其善[7]。人之视己，如见其肺肝然，则何益矣？此谓诚于中，形于外。故君子必慎其独也[8]。

曾子曰："十目所视，十手所指，其严乎[9]！"

富润屋，德润身[10]，心广体胖[11]。故君子必诚其意[12]。

[译文]

所谓真诚自己的心念，就是自己不要欺瞒自己。就像厌恶污秽的气味，就像喜爱美色一样，这就是自己真实的感受。所以君子敬慎自己独居独知的秘密（必使之光明正大）。

小人闲居独处的时候做不善的事，没有什么做不出的。见到君子以后躲躲闪闪，掩盖自己做的坏事而显摆自己做的善事。别人看他，好像能见到他的心肝五脏一样，又有什么益处呢？这就叫心中有真实念想，一定要显示到外表。所以君子敬慎自己独居独知的秘密（必使之光明正大）。

曾子说："被十目注视，被十手指着，就这么可怕！"

富能装饰房屋，德能滋养身体，心广体胖。所以君子一定要真诚自己的心念。

［注释］

1 自欺：自己对自己不诚实，知善而不能决心行，不能决心行而又不敢面对自己的犹豫。朱熹："自欺云者，知为善以去恶，而心之所发有未实也。"

2 恶恶臭（wù è xiù）：前一个"恶"字用作动词，厌恶。后一个"恶"字是形容词，不好。臭，气味。恶臭，不好的气味。好好（hào hǎo）色：前一个"好"字用作动词，喜爱。后一个"好"字为形容词，美好。好色，美色。恶恶臭，好好色，自然而然，诚实不欺也。

3 谦（qiè）：同"慊"，满足，满意。

4 慎其独：慎，敬慎，谨慎对待。独，两意：一为独自一人之时；二为隐秘自知之时。慎其独，独自一人之时，行为检点；他人不知之自家内心，保持光明。朱熹："独者，人所不知而己所独知之地也。”

以上一段，朱熹注曰：“言欲自修者知为善以去其恶，则当实用其力，而禁止其自欺。使其恶恶则如恶恶臭，好善则如好好色，皆务决去，而求必得之，以自快足于己，不可徒苟且以殉外而为人也。然其实与不实，盖有他人所不及知而己独知之者，故必谨之于此以审其几焉。”

5 闲居：即上文之“独”，独处之时。

6 厌然：郑玄：“闭藏貌。”朱熹：“消沮闭藏之貌。”遮掩躲闪之神态。

7 著：标榜，显摆。

8 以上一段，朱熹注曰：“此言小人阴为不善，而阳欲掩之，则是非不知善之当为与恶之当去也，但不能实用其力以至此耳。然欲掩其恶而卒不可掩，欲诈为善而卒不可诈，则亦何益之有哉！此君子所以重以为戒，而必谨其独也。”

9 朱熹：“言虽幽独之中，而其善恶之不可掩如此。可畏之甚也。”严，严峻，可怕。

10 润：装饰，修饰。

11 胖（pán）：安泰、舒适。

12 以上一段，朱熹注曰：“言富则能润屋矣，德则能润身矣，故心无愧怍，则广大宽平，而体常舒泰，德之润身者然也。盖善之实于中而形于外者如此，故又言此以结之。”

［导读］

就人的行为约束而言，墨家强调鬼神监督与报应；法家强调权力监督与奖惩；而儒家强调自我约束，自我监督，自省自讼，这就是慎独。

慎独是儒家伦理体系中的重要概念。讲修身为本，讲明明德，慎独是其重要关节。慎独的“独”有两种情况：一，只有自己“独在”的幽闭环境；二，只有和只能自己“独知”的隐秘内心。

在只有自己一个人的幽闭环境下，人容易放纵自己；只有自己知道的内心，容易包藏私欲。《大学》要求人们慎独，是因为，大学——学大，成就大人，必须不自欺，诚实面对自己。大人的大不是伪装的大，大人的善不是伪装的善，而是内心真诚的、自觉的善。这种自觉的善，就是诚实的善，是内外一致的善。既然是内外一致的善，则“慎独”就几乎是自然的，是最终的状态而不是手段。

慎独是明明德的自然结果，慎独也是明明德的必要手段：不慎独，不能真正做到明明德。

慎独就是在独自一人的时候自己检视自己，就是自己不放过自己。用孔子的话说，叫“自省”：

子曰：“见贤思齐焉，见不贤而内自省也。”（《论语·里仁》）

孔子还有更严厉的说法，叫“自讼”：

子曰：“已矣乎！吾未见能见其过而内自讼者也。”（《论语·公冶长》）

何谓“自讼”？就是自己内心争辩对错折中是非，自己诉讼自己。自省慎独的典型人物，就是被孔子表扬过的蘧伯玉：

蘧伯玉使人于孔子。孔子与之坐而问焉，曰：“夫子何为？”对曰：“夫子欲寡其过而未能也。”使者出，子曰：“使乎！使乎！”（《论语·宪问》）

自省、自讼，是对自己不良品性和不善念头的克服：

颜渊问仁，子曰：“克己复礼为仁。”（《论语·颜渊》）

克己是自己对自己下功夫，不是外在的施压。后面颜渊“请问其目”的时候，孔子回答“非礼勿视，非礼勿听，非礼勿言，非礼勿动”。这四个“勿”，都是自己对自己行为的检视与约束，都是慎独。

孔子有两个学生，曾经认为他们都有点“愚笨”，但偏偏这两个学生成了他所有学生中最杰出的两个，一个是颜回，一个是曾参。他们的进步，靠的就是慎独。

《论语·为政》：

子曰："吾与回言终日，不违如愚。退而省其私，亦足以发。回也不愚。"

《论语·学而》：

曾子曰："吾日三省吾身：为人谋而不忠乎？与朋友交而不信乎？传不习乎？"

省其私，就是慎独；日三省，也是慎独。

慎独，除了在不断地内省中汰除污秽而自新，还有一个题中应有之义：无慎独，除了不追求进步，那就是心中本无善念，行动中本无善行，但总要"掩其不善而著其善"，如此，必虚伪。这就显示出了"慎独"对于"诚其意"的意义。无慎独，必为小人，本章专门说小人"闲居为不善"，说的就是这种虚伪，不仅是欺人，还是自欺。

富润屋，德润身，一个人努力修行，不能让自己长成一个美人样，但可以长成一个好人样。

传七章（释正心、修身）

所谓修身在正其心者，身有所忿懥[1]，则不得其正[2]；有所恐惧，则不得其正；有所好乐[3]，则不得其正；有所忧患，则不得其正。

心不在焉[4]，视而不见，听而不闻，食而不知其味。此谓修身在正其心。

［译文］

所谓修身先要端正自己的心思，是因为心有所愤怒，就不得其正；有所惧怕，就不得其正；有所喜好，就不得其正；有所忧虑，就不得其正。

心不在焉，就会视而不见，听而不闻，食而不知其味。这就是为什么修身先要正心。

［注释］

1 身有：程子曰："身有之身当作心。"忿懥（fèn zhì）：愤怒。

2 不得其正：不能在其端正的状态。

3 好乐（hào yào）：喜好、欣赏之事之物。

4 心不在焉：焉，这里。心不在常态之中，不是真实的心志。

［导读］

朱熹："右传之七章。释正心修身。"

本章所讲的"心"，是"正其心"的心，指的是心态、心思、心志、心意等，是心的功能，也就是本章所说的"不在焉"的心。本章所讲的"心"，不是心的本体，不是安守本位的心。心的本体是正的，真的，诚的，在的，无须正，自然在，自正，自在。

心不正有两种情况：第一，有邪念；第二，带情绪。

心不正则身不修，道理好理解。

但何谓心不正，则有两种情况，一种情况是，心存邪念，私欲充塞，这样的心，当然不正，也不能修身，只能殒身。

还有一种情况是，非常态的心。常态的心是安静的，从容的，娴雅的，平正的；而一旦为外物所激荡诱惑，则不免有所忿懥，有所恐惧，有所好乐，有所忧患。这样的心，就往往不得其正了。但这不正之心与第一种情况不同，它其实是心的正常功能，是心在不同状态下的正常反应。

人心总有忿懥、恐惧、好乐与忧患。孔子有“是可忍孰不可忍”之怒；有“学如不及，犹恐失之，德之不修，学之不讲，闻义不能徙，不善不能改”之恐惧；有好古好学乐山乐水之好乐；有“天下无道久矣，莫能宗予”之忧患。然当此心动之时，孔子不失其大人之心，不失其赤子之心，不失其恻隐之心、羞恶之心、辞让之心、是非之心，而正因有此种心，则其忿懥、恐惧、好乐与忧患一出于正，不失其正，是心的正常、正当功能，不可缺失。

那么，为什么《大学》要说“身有所忿懥，则不得其正；有所恐惧，则不得其正；有所好乐，则不得其正；有所忧患，则不得其正”呢？

它只是说，在忿懥、恐惧、好乐与忧患的时候，心处于不安静、不平衡的状态，内心的判断力会出现偏差，心性的稳定也会受到影响。孔子曾经在回答子张和樊迟关于如何辨惑的问题时，解释了“惑”之产生：“爱之欲其生，恶之欲其死。既欲其生，又欲其死，是惑也。”“一朝之忿，忘其身，以及其亲，非惑与？”（《论语·颜渊》）可见，在心灵处于波动状态之下，人的判断力会被干扰，理性会打折扣。《大学》这段话提醒我们：日常生活中，我们不免会有愤怒、恐惧、爱欲与忧患，而这正是心之功用，并且正当的情感波动恰恰证明了我们的德性；但是，心灵的正常状态，应该是安详而平衡的，恬淡而安静的。当我们需要动用我们的理智来作判断的时候，当我们心安理得的时候，当我们审视自己身心的时候，当我们思考自己的人生确定自己人生价值的时候，都需要安详的内心来保证我们有正当的合乎德性的判断。

传八章（释修身、齐家）

所谓齐其家在修其身者，人之其所亲爱而辟焉[1]，之其所贱恶而辟焉，之其所畏敬而辟焉，之其所哀矜而辟焉[2]，之其所敖惰而辟焉[3]。故好而知其恶[4]，恶而知其美者[5]，天下鲜矣[6]。故谚有之曰[7]：“人莫知其子之恶，莫知其苗之硕[8]。”此谓身不修，不可以齐其家。

［译文］

所谓安顿好自己的家族先要修养好自身，是因为人们对于他们所亲爱的人常有所偏，对于他们所贱恶的人常有所偏，对于他们所敬畏的人常有所偏，对于他们所怜惜的人常有所偏，对于他们所轻视的人常有所偏。所以喜爱一个人而又能知道他的缺点，厌恶一个人而又能知道他的优点的人，天下少有。所以谚语里有这样的说法："人们往往不知道自己孩子的缺点，不认为自己的庄稼长得好。"这就是为什么说自身的修养搞不好就不能安顿好自己的家族。

[注释]

1 之：同"于"，对于。辟（pì）：同"僻"，偏，偏爱。

2 哀矜：哀怜。

3 敖惰：傲视，轻慢。

4 好（hào）：喜爱。恶（è）：坏处。

5 恶（wù）：讨厌。

6 鲜（xiǎn）：少。

7 之：代词，指代下面的话。

8 硕：壮，大。

[导读]

朱熹："右传之八章。释修身齐家。"

上一章讲正心之于修身的重要。心之大要在判断，判断之关键在冷静理智不受干扰，而最易干扰心之安详者乃情绪，故上一章专讲情绪，愤怒、恐惧、爱欲与忧患，都在列举戒慎之列。

而此章讲修身之于齐家的意义。家之大要在和睦，和睦之关键在公平公正，而最易影响公平公正者乃偏私，故此章专讲偏私。亲爱、贱恶、畏敬、哀矜与敖惰，都在列举告诫之列。

心之正，在少受情绪波动。身之修，在立身正直公平不受私欲操控，而一切偏私之情，本质都是私欲而非公正。公正，公而自正；偏私，偏而自私。

传九章（释齐家、治国）

所谓治国必先齐其家者，其家不可教而能教人者，无之。故君子不出家而成教于国：孝者，所以事君也；弟者，所以事长也；慈者，所以使众也[1]。

《康诰》曰："如保赤子[2]。"心诚求之，虽不中不远矣。未有学养子而后嫁者也。

一家仁，一国兴仁；一家让，一国兴让；一人贪戾，一国作乱。其机如此[3]。此谓一言偾事[4]，一人定国。

尧舜帅天下以仁[5]，而民从之；桀纣帅天下以暴，而民从之。其所令反其所好，而民不从。是故君子有诸己而后求诸人[6]，无诸己而后非诸人[7]。所藏乎身不恕[8]，而能喻诸人者[9]，未之有也。故治国在齐其家。

《诗》云[10]：“桃之夭夭[11]，其叶蓁蓁[12]。之子于归[13]，宜其家人[14]。”宜其家人，而后可以教国人。《诗》云[15]：“宜兄宜弟。”宜兄宜弟，而后可以教国人。《诗》云[16]：“其仪不忒[17]，正是四国[18]。”其为父子兄弟足法[19]，而后民法之也。此谓治国在齐其家。

[译文]

所谓要治理邦国必须先去安顿家族的道理是，家族没有教导好而能教导好他人的，没有。所以君子不离开家族就能在一国成就教化：家中的“孝”，这就是服事君王的原则；家中的“悌”，这就是服事长官的原则；家中的“慈”，这就是役使民众的原则。

《康诰》上说：“如保赤子。”（如同保护婴儿。）如果诚心地体会猜测婴儿的想法，虽然未必能够事事猜中但也相差不远了。没有先学会了养育婴儿才出嫁的人啊。

一家仁爱，一国也会兴起仁爱；一家谦让，一国也会兴起谦让；一人贪婪暴戾，一国就会犯上作乱。事情的关键就在这里。这就是说，一句话就能坏事，一个人就能使国家安定。

尧、舜用仁率领天下，人民就跟着仁爱；桀、纣用凶暴带领天下，人民就跟着凶暴。统治者发出的命令和他们自己的喜好相反，人民就不会跟从。所以君子自己有好的道德，才能要求别人有；自己没有的毛病，才能指责别人的毛病。如果自己不具备恕道美德，而让别人明白道德，那是没有的事。所以治理邦国的前提是安定好家族。

《诗经》上说：“桃之夭夭，其叶蓁蓁。之子于归，宜其家人。”（桃枝很柔韧，桃叶很茂盛。姑娘嫁过来，和睦大家庭。）和睦大家庭，然后才可以教化好国人。《诗经》上说：“宜兄宜弟。”（和兄睦弟。）和兄睦弟，然后才可以教化好国人。《诗经》上说：“其仪不忒，正是四国。”（礼仪没差错，才能正四方。）一个人作为父亲、儿子、兄长、弟弟都值得别人效法，然后人民才去效法他。这就是所说的治国的前提是安定好家。

[译文]

1 所以：用来……的东西。事：侍奉。弟（tì）：同“悌”，指弟弟顺从兄长。此段朱熹注曰：“身修，则家可教矣；孝、弟、慈，所以修身而教于家者也；然而国之所以事君事长使众之道不外乎此。此所以家齐于上，而教成于下也。”

2 如保赤子：《尚书 · 周书 · 康诰》篇作“若保赤子”。周成王告诫康叔的话，意为保护平民如母亲养护婴孩。

3 机：关键，诀窍。

4 偾（fèn）：破坏。《论语 · 子路》：“一言而丧邦。”

5 帅：同“率”。

6 有诸己：自己有（善性善行）。求诸人：责求于人。

7 无诸己：自己没有（恶性恶行）。非诸人：责怪于人。

8 藏：积藏，具备，拥有。恕：恕道，“己所不欲，勿施于人”。所藏乎身不恕：自己不具备恕的品性。

9 喻：明白，这里指使明白的意思。

10《诗》：指《诗经·周南·桃夭》篇。

11 夭夭：茂盛而柔韧。

12 蓁（zhēn）蓁：树叶茂盛的样子。

13 之：代词，这个。子：女子。于归：出嫁。

14 宜：和睦。宜其家人：和睦其家族。

15《诗》：指《诗经·小雅·蓼萧》篇。

16《诗》：指《诗经·曹风·鸤鸠》篇。

17 仪：礼节，仪式。忒：差错。

18 正：端正，矫正。四国：四方各国。

19 足法：足以效法堪为典范。

［导读］

朱熹说：“右传之九章。释齐家治国。”

在“八目”里，“齐家”是关键的一环，它是中转站：是前面修身的结束，是后面事功的开始。内圣外王，“齐家”之前，都是内圣；“齐家”开始，即是外王。

此章解释齐家何以能治国。有一个词，说中国传统文化观念里的家国关系，叫“家国同构”，也就是说，在中国文化里，国家的建立不是西方所说的公民达成契约，而是家庭联合体。

在这个大家庭联合体里，小家庭中的道德规范和价值观，可以一一对应：家庭中对父母的“孝”对应着国家里对国君的“忠”，“事父”就是“事君”的训练；同样，家庭中侍奉兄长的“悌”和社会上的“事长”、家庭中父母对子女的“慈”和政府行为的“使众”，都具有同质的特点。

《论语·学而》中记述的孔子学生有若的话，可以是一个辅证：“其为人也孝弟，而好犯上者鲜矣。不好犯上而好作乱者未之有也。君子务本，本立而道生，孝弟也者，其为仁之本与？”

孟子曾经引述过《诗·大雅·思齐》中的“刑于寡妻，至于兄弟，以御于家邦”，体现的也是这样的家国贯通的逻辑。

当然，家国之间的某些类似性，并不能成为它们的一致性，两者的区别还是很大的，家庭关系出于血缘血胤，其本质是“爱”，而君臣朋友等关系却是社会关系，其本质是“义”，所以，古人也说“君臣义合”（在解释孔子的“君使臣以礼，臣事君以忠”时，程颐的学生尹和靖说：“君臣，以义合者也，故君使臣以礼，则臣事君以忠。”见朱熹《四书章句集注》此章下）。其实，在孔子、孟子那里，君臣关系本质上还是一种契约关系，他们所维护和推崇的“礼”，其内涵就是这种契约关系。

既然是契约关系，还必须有“义”的前提，则君臣关系是可以解脱的。而家庭关系，无论父母之于子女，还是兄弟，都不是人间法律关系，而是“上天”圈定的关系，人类自身无法解脱。

不过，儒家还是希望，在人和国家之间，建立一种类似于家庭成员之间的亲密关系，这是一种理想。而从事理上说，事父、事兄、治家，也确实可以为人提供事君、事上和治国的前期训练。

传十章（释治国、平天下）

1

所谓平天下在治其国者，上老老而民兴孝[1]，上长长而民兴弟[2]，上恤孤而民不倍[3]。是以君子有絜矩之道也[4]。

[译文]

所谓平天下先要治理好国家，是因为统治者孝敬老人民众就会兴起孝道，统治者尊重兄长民众就会兴起悌道，统治者怜恤孤儿民众就不会背离。所以君子有规范天下的方法。

[注释]

1 老老：第一个“老”字用作动词，孝敬的意思。第二个“老”字是名词，老人。

2 长长：第一个“长”字用作动词，尊重的意思。第二个“长”字是名词，兄长。弟（tì）：同“悌”。

3 恤：怜悯，救济。倍：同“背”，违背。

4 絜（xié）矩之道：絜，用绳量物体的周长，泛指度量。矩，矩尺，画直角或方形的工具。絜矩之道，指规矩方圆。

［导读］

孔子说：“君子之德风，小人之德草。草上之风，必偃。”(《论语·颜渊》）又：“季康子患盗，问于孔子。孔子对曰：‘苟子之不欲，虽赏之不窃。’”(《论语·颜渊》)

孔子还有一个“七教”理论：

> 孔子曰：“上敬老则下益孝，上尊齿则下益悌，上乐施则下益宽，上亲贤则下择友，上好德则下不隐，上恶贪则下耻争，上廉让则下耻节，此之谓七教。七教者，治民之本也。”

上面敬老，下面才孝；上面尊长，下面才悌；上面散财乐施，下面才宽厚待人；上面亲近贤才，下面才选择良友；上面爱好德行，下面才不隐瞒实情；上面厌恶贪腐，下面才耻于争夺；上面廉洁谦让，下面才讲究节操。

《孔子家语·王言解》：

> 凡上者，民之表也，表正则何物不正？是故人君先立仁于己，然后大夫忠而士信，民敦俗璞，男悫而女贞，六者，教之致也。

君子规范天下的方法，其实就是规范自己。政治的意思，不是“以政治民”，而是倒转语法，是“治政”！

治政是治理政治，治理政府，治理政客。

治政也是治正——治必须正。子曰：“政者，正也！”（《论语·颜渊》）

儒家的平天下，非以武力荡平，非以权力压平，而是以文化感化，以价值观同一。所以，“平天下”不是平定天下，而是以一絜矩之道平一天下。天下都讲公平，不丛林，不豪夺，不巧取，众不暴寡，富不辱贫，强不凌弱，智不欺愚，仁义流行，风清气正，此即儒家所言的“平天下”。

2

所恶于上，毋以使下；所恶于下，毋以事上；所恶于前，毋以先后；所恶于后，毋以从前；所恶于右，毋

以交于左；所恶于左，毋以交于右。此之谓絜矩之道[1]。

［译文］

厌恶上级对待自己的那些，就不要用它对待下级；厌恶下级对待自己的那些，就不要用它侍奉上级；厌恶前面的人对待自己的方式，就不要用它对待后面的人；厌恶后面的人对待自己的方式，就不要用它对待前面的人；厌恶右边的人对待自己的做法，就不要用它对待左边的人；厌恶左边的人对待自己的做法，就不要用它对待右边的人。这就是规范天下的道。

［注释］

1 朱熹注此段曰："此覆解上文絜矩二字之义。如不欲上之无礼于我，则必以此度下之心，而亦不敢以此无礼使之。不欲下之不忠于我，则必以此度上之心，而亦不敢以此不忠事之。至于前后左右，无不皆然，则身之所处，上下、四旁、长短、广狭，彼此如一，而无不方矣。"相当于我们今天常讲的"对等对待"和"换位思考"。

［导读］

孔子曰："君子有三恕：有君不能事，有臣而求其使，非恕也；有亲不能孝，有子而求其报，非恕也；有兄不能

敬，有弟而求其顺，非恕也。士能明于三恕之本，则可谓端身矣。”（《孔子家语·三恕》）

絜矩之道，也就是恕道。己所不欲，勿施于人。

《中庸》：“君子之道四，丘未能一焉。所求乎子以事父，未能也；所求乎臣以事君，未能也；所求乎弟以事兄，未能也；所求乎朋友先施之，未能也。”

絜矩之道，一是表率；二是公平。所以，最终落脚于“修身”。

3

《诗》云[1]：“乐只君子[2]，民之父母。”民之所好好之，民之所恶恶之，此之谓民之父母。《诗》云[3]：“节彼南山[4]，维石岩岩[5]。赫赫师尹[6]，民具尔瞻[7]。”有国者不可以不慎，辟则为天下僇矣[8]。《诗》云[9]：“殷之未丧师[10]，克配上帝[11]。仪监于殷[12]，峻命不易[13]。”道得众则得国[14]，失众则失国。

［译文］

《诗经》上说：“乐只君子，民之父母。”（安乐的君子，是民众的父母。）民众喜好的他喜好，民众厌恶的他厌恶，这就叫作民众的父母。《诗经》上说：“节彼南山，维石岩岩。

赫赫师尹，民具尔瞻。”（那险峻的南山啊！山石矗立。威严的太师尹啊！民众都仰望着你。）拥有国的人不可不谨慎，偏离了正道就会被天下人戮杀。《诗经》上说：“殷之未丧师，克配上帝。仪监于殷，峻命不易。”（殷朝在没有失去民众时，能配得上上帝。应该借鉴殷朝，天命不易保有。）这就是说得众则得国，失众则失国。

［注释］

1《诗》：指《诗经·小雅·南山有台》篇。

2 乐：安乐。只：句中语气词，无意义。

3《诗》：指《诗经·小雅·节南山》篇。

4 节：高大险峻的样子。彼：那个。

5 维：句首语气词，帮助判断。岩岩：山石矗立的样子。

6 赫赫：显贵盛大的样子。师尹：毛传：“师，太师，周之三公也。尹，尹氏，为太师。”尹氏，周王朝的贵族，他的祖先尹佚在武王时有功，尹吉甫佐宣王、伐异族，其子孙沿其姓做官。孔疏：“节然高峻者，彼南山也。山既高峻，维石岩岩然，故四方皆远望而见之，以兴赫赫然显盛者，彼太师之尹氏也，尹氏为太师既显盛，处位尊贵，故下民俱仰汝而瞻之。”

7 具：同“俱”，都。尔瞻：看着你。

8 辟（pì）：邪僻，偏离正道。僇（lù）：同“戮”，杀。

9《诗》：指《诗经·大雅·文王》篇。

10 师：众。丧师：失去人心。与下文“得众”相反。

11 配上帝：配得上祭祀上帝，指能受“天命”而为天子。

12 仪：《诗经》原文作“宜”，当从。监：同“鉴”，借鉴。仪监：应当借鉴。

13 峻：大。峻命：即“天命”。不易：不容易。朱熹：“不易，言难保也。”

14 道：言，说的是。

［导读］

第三节是对前面两节的总结。前面两节都是在说“絜矩之道”，稍有区别：第一节讲“上者，民之表”，所谓“絜矩之道”，就是统治者做出“表率”，所谓以君子之德风行天下；第二节则讲将心比心，讲“恕道”，既是在讲不以己所不欲施之于人，更是在讲以己之所欲推之于人。这两种有区别的“絜矩之道”的相同点是“修身”，以自身作为立足点、参照点、示范点，规范天下，表率天下。所以，第三节首先说为民父母，为民作则，正天下之本在正己。

值得注意的是，这一节讲“为民父母”是“民之所好好之，民之所恶恶之”。在中国古代政治理论中，除了法家思想，儒、道都坚持吉凶与民同的政治常识。《国语·周语》载召公谏厉王弭谤，讲西周政治，有借民口知政之善败，然后“行善备败”的说法；《庄子·徐无鬼》也借牧童之口谈治天下之道，说治天下人民如同牧马，把对马有害的东西去掉就行了，黄帝称之为“天师”。管仲施政的要诀是：“俗之所欲，因而予之；俗之所否，因而去之。”（《史记·管晏列传》）

这些都体现了中国古代政治理论的基本良知。

4

是故君子先慎乎德[1]。有德此有人[2]，有人此有土，有土此有财，有财此有用。德者本也，财者末也。外本内末，争民施夺[3]。是故财聚则民散，财散则民聚。是故言悖而出者[4]，亦悖而入；货悖而入者，亦悖而出。

《康诰》曰：“惟命不于常[5]。”道善则得之，不善则失之矣。《楚书》曰[6]：“楚国无以为宝，惟善以为宝[7]。”舅犯曰[8]：“亡人无以为宝[9]，仁亲以为宝。”

［译文］

所以君子首先在道德方面谨慎。有德就会有民众，有民众就会有国家，有国家就会有财富，有财富就会有用度。德是根本，财是枝末。以德示人却内怀贪财，就会与民争利实行掠夺。所以财聚则民散，财散则民聚。所以言语政令违背常理发布出去，也会违背常理反噬自己；财富违背正理而获得的，也会违背常理而散失。

《康诰》上说："惟命不于常。"（天命无常。）意思是说有善德就能得到天命，无善德就会失掉天命。《楚书》上说："楚国没有什么是宝贝，只把善人作为宝贝。"舅犯说："流亡的人没有什么是宝贝，只把仁爱当作宝贝。"

［注释］

1 乎：于，在。

2 此：则，就。下面三句中"此"字同。有人：即上一节后面的"得众"，得人心。下文"有土"指得国。

3 争民："与民争"的意思。施夺：实行掠夺。朱熹注："人君以德为外，以财为内，则是争斗其民，而施之以劫夺之教也。盖财者人之所同欲，不能絜矩而欲专之，则民亦起而争夺矣。"

4 悖：逆，违逆正道。

5 惟命不于常：惟，句首语气词。命，指"上帝"赋予统治者实行统治的"天命"。《诗经·大雅·文王》："天命靡常。"

6《楚书》：《国语·楚语》。

7 事见《国语·楚语下》：楚国大夫王孙圉出使晋国，晋定公设宴招待，晋国赵简子身佩宝玉，并问楚国的白珩美玉现在怎么样了。王孙圉答道：楚国从来没有把美玉当作珍宝，只是把善人看作珍宝。

8 舅犯：晋文公重耳的舅舅狐偃，字子犯。

9 亡人，流亡的人，指重耳。重耳流亡在狄国时，晋献公逝世。秦穆公派人劝重耳归国掌政。重耳将此事告于子犯，子犯以为不可，对重耳说了这几句话。事见《礼记·檀弓下》："晋献公之丧，秦穆公使人吊公子重耳，且曰：'寡人闻之：亡国恒于斯，得国恒于斯。虽吾子俨然在忧服之中，丧亦不可久也，时亦不可失也。孺子其图之。'以告舅犯，舅犯曰：'孺子其辞焉。丧人无宝，仁亲以为宝。父死之谓何？又因以为利，而天下其孰能说之？孺子其辞焉。'"

［导读］

第四节紧接第三节，第三节中间讲"有国者不可以不慎"，此节开头就讲"先慎乎德"；第三节结尾讲"得众"，此节开始即讲"有德此有人"；第三节引《诗经》，讲"得众则得国，失众则失国"，这一节就引《康诰》，讲"天命无常"，讲"善则得之，不善则失之"。最后，"惟善以为宝""仁亲以为宝"，都是归结到"明明德"，归结到修身为本。

5

《秦誓》曰[1]："若有一个臣，断断兮无他技[2]，其心休休焉[3]，其如有容焉[4]。人之有技，若己有之；人之彦圣[5]，其心好之，不啻若自其口出[6]，寔能容之[7]，以能保我子孙黎民[8]，尚亦有利哉[9]！人之有技，媢疾以恶之[10]；人之彦圣，而违之俾不通[11]，寔不能容，以不能保我子孙黎民，亦曰殆哉[12]！"唯仁人放流之[13]，迸诸四夷[14]，不与同中国[15]。此谓唯仁人为能爱人，能恶人[16]。

见贤而不能举，举而不能先，命也[17]。见不善而不能退，退而不能远，过也。好人之所恶，恶人之所好，是谓拂人之性[18]，菑必逮夫身[19]。是故君子有大道，必忠信以得之，骄泰以失之。

[译文]

《秦誓》上说："若有一个臣，断断兮无他技，其心休休焉，其如有容焉。人之有技，若己有之；人之彦圣，其心好之，不啻若自其口出，寔能容之，以能保我子孙黎民，尚亦有利哉！人之有技，媢疾以恶之；人之彦圣，而违之俾不通，寔不能容，以不能保我子孙黎民，亦曰殆哉！"（假如有一个大臣，老实厚道却没有其他什么才能，但为人心地宽广，好像有很大的度量。别人有才能，就像他自己有一样；别人俊美聪明，他心中喜好，不仅像他嘴上说的那样赞美，而是实实在在能包容。因为他这种做法能保护我的后代和民众，还是对我有利啊！假如有一个臣子，别人有才，就嫉妒憎恶；别人俊美聪明，就阻碍他使之不能通达，这其实是不能包容人。因为不能保护我的后代和民众，也可说对我是危险的啊！）仁德的人流放这种人，把他们驱逐到四方荒远之地，而不和他同居中国。这就是只有仁德的人能够爱人，能够厌恶人。

看到贤德的人不举荐，举荐而不能让他居先，这是怠慢。见到不善的人不能贬斥，贬斥以后却不能远离，这是过错。喜好别人所厌恶的，厌恶别人所喜好的，就是违背人的本性，灾难就必定要降临到他的头上。所以君子有一条治国的大道：必须用忠信来得天下，骄横傲慢就会失掉天下。

[注释]

1《秦誓》：《尚书·周书·秦誓》，秦穆公不顾劝阻，派兵伐郑，在崤山被晋人伏击，全军覆没。“秦伯素服郊次，乡师而哭曰：‘孤违蹇叔，以辱二三子，孤之罪也。’”（《左传·僖公三十三年》）

2 断断兮：断断，诚实忠厚的样子。

3 休休焉：心胸宽广、悠闲淡泊的样子。

4 有容：能包容。

5 彦：俊美。圣：聪明。

6 不啻（chì）：不止；不只。

7 寔（shí）：同“实”，实在，确实。

8 以能：因此。

9 尚：庶几，差不多。

10 娼（mào）：忌。疾：嫉。娼疾：嫉妒。

11 违：阻碍，反对。俾：使。

12 殆：危险。

13 放流：放逐，流放。

14 迸：排除。

15 中国：我国古代汉族居住在中原地区，故自称为中国。

16 仁人为能爱人，能恶人：《论语·里仁》：“子曰：‘唯仁者能好人，能恶人。’”朱熹：“言有此娼疾之人，妨贤而病国，则仁人必深恶而痛绝之。以其至公无私，故能得好恶之正如此也。”

17 命：朱熹：“郑氏云‘当作慢’。程子云‘当作怠’。未详孰是。”我们注音作“慢”，意为怠慢。

18 拂：违背。朱熹：“好善而恶恶，人之性也；至于拂人之性，则不仁之甚者也。”

19 菑（zāi）：同“灾”。逮（dài）：及。

[导读]

这一节讲有技不如有德，有能不如有心，手中有器不如心中有道。一个人，尤其是一个在位之人，能力总是有限，而天下之事，端赖天下之才人为之，所以，在位之人，其个人才能不是第一重要的，有无包容举荐天下人才的宽广胸襟才是第一重要的。孔子曾经批评过鲁国大夫臧文仲，“臧文仲其窃位者与？知柳下惠之贤，而不与立也”（《论语·卫灵公》）。臧文仲历仕鲁庄公、鲁闵公、鲁僖公、鲁文公四朝，知贤而不举，故孔子批评他“不仁”“窃位”。孔子还曾表扬过一个人，卫国大夫公叔文子，“公叔文子之臣大夫僎与文子同升诸公。子闻之，曰：‘可以为文矣’”。公叔文子的家臣大夫僎，（由文子推荐）与文子一道做了国家大臣。孔子听到这件事，就说：“公叔文子将来可以用‘文’作谥号了。”

天下事，非一人只手可办；天下重，非一人独肩可负。天下是天下人的天下，天下事也是天下人的事，国家的官职是全国人的，能者居之。手握官位，不给称职的人，在孔子看来，就是窃位。

此节还用了孔子的另外一句话，《论语·里仁》：“子曰：‘唯仁者能好人，能恶人。’”好人者，好人之善德也。恶人者，恶人之恶德也。故此节最后总结，“是故君子有大道，必忠信以得之，骄泰以失之”。大道之本，在忠信。

6

生财有大道：生之者众，食之者寡，为之者疾[1]，用之者舒[2]，则财恒足矣。仁者以财发身[3]，不仁者以身发财。未有上好仁而下不好义者也；未有好义其事不终者也；未有府库财非其财者也[4]。

孟献子曰[5]：“畜马乘[6]，不察于鸡豚[7]；伐冰之家[8]，不畜牛羊；百乘之家[9]，不畜聚敛之臣。与其有聚敛之臣，宁有盗臣。”[10]此谓国不以利为利，以义为利也。长国家而务财用者[11]，必自小人矣。彼为善之[12]，小人之使为国家，菑害并至。[13]虽有善者，亦无如之何矣。此谓国不以利为利，以义为利也。

[译文]

生财有大道：生产的人多，消费的人少，创造财富快，耗用财富缓，这样财富就会一直充足。仁德的人用财富完善身心，不仁的人用身心去获取财富。没有统治者爱好仁而臣民不爱好义的；也没有好义之人的事业是不能完成的；没有府库中的财产是不正当获得而能保有的。

孟献子说：“有车马开始做大夫的人，不要再去考虑养鸡养猪的事。丧祭能用冰的卿大夫，不要再去养牛羊。拥有封邑采地的人，不养搜刮财富的家臣。与其有搜刮财富的家臣，宁愿有偷盗财货的家臣。”这说的是国家不以利为利，而要以义为利。领导国家而又致力于聚敛财富，这种主张必定来自小人。君王若称善小人的做法，让小人治理国家，则天灾和人祸就会一起来。即使有善人，对此也无可奈何了。这说的是国家不以利为利，要以义为利。

[注释]

1 疾：快。

2 舒：缓慢。朱熹注引吕氏（吕大临）语：“国无游民，则生者众矣；朝无幸位，则食者寡矣；不夺农时，则为之疾矣；量入为出，则用之舒矣。”并按语曰：“此因有土有财而言，以明足国之道在乎务本而节用，非必外本内末而后财可聚也。自此以至终篇，皆一意也。”

3 发身：发，起，壮大。修身：提升自身。朱熹：“仁者散财以得民，不仁者亡身以殖货。”

4 朱熹：“上好仁以爱其下，则下好义以忠其上；所以事必有终，而府库之财无悖出之患也。”府库财非其财：府库中的财当为正当之财，不正当的财无法保有。

5 孟献子：春秋时鲁国大夫仲孙蔑，孟子先祖。先祖公子庆父，弑杀鲁闵公，后代出于避讳，改仲孙氏为孟孙氏，三桓之一。孟献子主张节用和发展生产，时称贤大夫，鲁襄公十九年，薨于位，谥号为献，世称孟献子、仲孙蔑。

6 畜：养，这里是拥有的意思。乘：四匹马拉的车子。

7 不察：不盯着，不计较。不察于鸡豚：不获取养鸡养猪的收益，不与普通百姓争利。

8 伐冰：凿冰。郑注：“卿大夫以上，丧祭用冰。”孔颖达疏：“从固阴之处，伐击其冰，以供丧祭，故云伐冰也。”后称贵族豪门为伐冰之家。

9 百乘之家：指具有百乘兵车这样武装力量的卿大夫，他们一般都是执政掌权者。

10 臣：这里指卿大夫的家臣。朱熹注此数句曰：“畜马乘，士初试为大夫者也。伐冰之家，卿大夫以上，丧祭用冰者也。百乘之家，有采地者也。君子宁亡己之财，而不忍伤民之力；故宁有盗臣，而不畜聚敛之臣。”

11 长：掌管，统治。

12 彼为善之：此句上下，疑有阙文误字。彼，指君王。

13 小人之使：“使小人”的倒装句。菑：灾，天灾。害：人祸。

［导读］

以上六节，总为第十章。

朱熹：“右传之十章。释治国平天下。”

这一节虽然一开始讲生财有道，但其实重点不在讲生财，而在讲“有道”，讲“义利之辩”。而“义利之辩”在此讲了三个层次。

第一,一般人，是以财发身，还是以身发财?

第二，有身份的人，贵族，应该做到不与民争利。这是贵族精神，是贵族风范。

第三，最重要的，是国家不与民争利。这涉及对国家本体和功能的认识。国家不是利益主体，国家只是一个管理机构，国家代表的是人民的利益。作为管理机构，国家必须以义为立国之本。

当国家不再有自己的利益诉求，而以国民的利益为自己利益的时候，国家就不再是一个封闭的排他的体系，这样的国家，其实就是天下。治国平天下，即国治然后天下平，就是把国家作为手段，把天下作为目标。

《孟子·告子下》:

> 为人臣者怀利以事其君，为人子者怀利以事其父，为人弟者怀利以事其兄，是君臣、父子、兄弟终去仁义，怀利以相接，然而不亡者，未之有也。

孟子关心的是什么呢?不是国家的得失，而是人心的得失。他不在乎芸芸众国中某一国的利害，他关心的是社会，是天下的利害。一国之得失，是利；天下之利害，是义。用战争的手段去争夺土地玉帛、人口百姓，或有一国之得利，而必是天下之失义。

至此，《大学》终篇。三纲八目，经一传十，共十一章。其中十传，朱熹解释曰：“凡传十章：前四章统论纲领指趣，后六章细论条目功夫。其第五章乃明善之要，第六章乃诚身之本，在初学尤为当务之急，读者不可以其近而忽之也。”

《中庸》导读

《中庸》引

一

《中庸》是《礼记》的第三十一篇。

如果说，《大学》是成人成事之学，是人格之学，是君子大人的修齐治平之学，《中庸》就是君子的心性之学；《大学》讲伦理的社会属性，《中庸》讲道德的人性根源；《大学》由内圣而指向外王，《中庸》则是由外而内：探究追溯君子的内在心性。

司马迁《史记·孔子世家》中说："子思作《中庸》。"[1]李翱《李文公集·复性书》："子思，仲尼之孙，得其祖之道，述《中庸》四十七篇，以传于孟轲。"[2]朱熹《中庸章句·序文》："中庸何为而作也？子思子忧道学之失其传而作也。”[3]宋代以后对《中庸》的作者有不同的看法，现学术界大多数人认为《中庸》是子思及其弟子多人所作。

朱熹《中庸章句序》：

> 夫尧、舜、禹，天下之大圣也。以天下相传，天下之大事也。以天下之大圣，行天下之大事，而其授受之际，丁宁告戒，不过如此（按：指十六字真诀）。则天下之理，岂有以加于此哉？自是以来，圣圣相承：若成汤、文、武之为君，皋陶、伊、傅、周、召之为臣，既皆以此而接夫道统之传，若吾夫子，则虽不得其位，而所以继往圣、开来学，其功反有贤于尧、舜者。然当是时，见而知之者，惟颜氏、曾氏之传得其宗。及曾氏之再传，而复得夫子之孙子思，则去圣远而异端起矣。子思惧夫愈久而愈失其真也，于是推本尧、舜以来相传之意，质以平日所闻父师之言，更互演绎，作为此书，以诏后之学者。盖其忧之也深，故其言之也切；其虑之也远，故其说之也详。[4]

既然朱熹认为《中庸》是子思对“道统”传承的忧患之作，则其指认《中庸》是“孔门传授心法”，是道统传承的圭臬，也就水到渠成。而既然《中庸》是“心法”，“心法”又是《尚书·虞书·大禹谟》所谓“人心惟危，道心惟微；惟精惟一，允执厥中”[5]，则子思拈出“中庸”二字，其立意，乃是要君王在变化莫测（危）的人心中，坚守道心的中正入微。《荀子·解蔽篇》说得好：

> 故《道经》曰："人心之危，道心之微。"危微之几，惟明君子而后能知之。故人心譬如盘水，正错（措，放置）而勿动，则湛浊在下，而清明在上，则足以见鬒（须）眉而察理矣。微风过之，湛浊动乎下，清明乱于上，则不可以得大形之正也。心亦如是矣。故导之以理，养之以清，物莫之倾，则足以定是非决嫌疑矣。[6]

可见"中庸"是人心的"正错而勿动"，是"导之以理，养之以清，物莫之倾"，然后"足以定是非决嫌疑"，"物莫之倾"，在于人心的"中正"，允执厥中。

荀子"解蔽"，意者一切之"蔽"皆由于"心不知道"：

> 故为蔽：欲为蔽，恶为蔽，始为蔽，终为蔽，远为蔽，近为蔽，博为蔽，浅为蔽，古为蔽，今为蔽。凡万物异则莫不相为蔽，此心术之公患也。[7]

所以，欲"解蔽"，必须有一个不变的东西作为标准：

> 圣人知心术之患，见蔽塞之祸，故无欲、无恶、无

始、无终、无近、无远、无博、无浅、无古、无今，兼陈万物而中县衡焉。是故众异不得相蔽以乱其伦也。[8]

何为“中县衡”？县，本义为“悬”，即是居中而悬一衡量之准则。“中庸”，从功能的角度，正可以作“中县衡”解。

那么，从本体的角度，“中庸”又可以如何理解呢？还是荀子《解蔽》讲的好：

何谓衡？曰：道。[9]

中庸，从本体来说，就是“道”。我们常说“中庸之道”，其实“中庸”本已是“道”，而“道”，自当“中庸”，非在“道”外又有一个“中庸”之道。

中庸，从其功用来说，即是“衡”。而衡之本体特征和功用，即是“中”，故曰“中县衡”。

为何人心有那么多的“蔽”，需要“解”呢？

朱熹《中庸章句序》如此论述“人心惟危，道心惟微”：

盖尝论之：心之虚灵知觉，一而已矣，而以为有人心、道心之异者，则以其或生于形气之私，或原于性命之正，而所以为知觉者不同，是以或危殆而不安，或微妙而难见耳。然人莫不有是形，故虽上智，不能无人心；亦莫不有是性，故虽下愚，不能无道心。二者杂于方寸之间，而不知所以治之，则危者愈危，微者愈微，而天理之公卒无以胜夫人欲之私矣。[10]

人心“生于形气之私”，道心“原于性命之正”，如果不知道如何管控，则“危者愈危，微者愈微，而天理之公卒无以胜夫人欲之私”，朱熹的这个说法，其实还是来自荀子《解蔽》之人心“虚壹而静”。盖“中庸”这个概念的立意，在于解人心之危与道心之微，危也好，微也罢，都是“蔽”。也是《论语·颜渊》中孔门弟子樊迟、子张所问的“修慝”“解惑”之“慝”与“惑”，二者都与人心之“心”有关。孔子对樊迟说“惑”，是“一朝之忿，忘其身，以及其亲”；对子张说“惑”，是“爱之欲其生，恶之欲其死，既欲其生，又欲其死”，都是在讲人心惟危。[11]

“中庸”的意思，朱熹的解释是：“中者，不偏不倚、无过不及之名。庸，平常也。”并引子程子的话：“不偏之谓中，不易之谓庸。中者，天下之正道，庸者，天下之定理。”[12]从心性的角度说，“中”就是指君子内心的分寸与出处行藏的选择原则，所以，“君子之中庸也，君子而时中”（1.1）。

关于“中庸”的意思，朱熹和他的弟子们有很多讨论，这些讨论有问有答，有疑有询，我们不妨录在此处，以助于我们理解。《朱子语类》卷第六十二《中庸一》：

> 至之问："'中'含二义，有未发之中，有随时之中。"
>
> 曰："《中庸》一书，本只是说随时之中。然本其所以有此随时之中，缘是有那未发之中，后面方说'时中'去。"[13]

"随时之中"之"时中"，是"中庸"的本义——中庸并非一个一成不变可以生搬硬套的"衡"，而是随时随事随人而取其"中"。故《中庸》特别强调"君子之中庸也，君子而时中"。而"未发之中"只是"中"的本体，"时中"才是"中"之"用"。从儒家强调功能的角度说，"时中"才是《中庸》强调的。孔子说的"可与立，未可与权"，"立"，就是"中"；"权"，就是"时中"。故朱熹说：

> "中庸"之"中"，本是无过无不及之中，大旨在时中上。若推其中，则自喜怒哀乐未发之中，而为"时中"之"中"。未发之中是体，"时中"之"中"是用，"中"字兼中和言之。[14]
>
> "中庸"之"中"，是兼已发而中节、无过不及者得名。故周子曰："惟中者，和也，中节也，天下之达道也。"若不识得此理，则周子之言更解不得。所以伊川谓"中者，天下之正道"。《中庸章句》以中庸之"中"，

实兼“中和”之义，《论语集注》以“中”者，不偏不倚，无过不及之名，皆此意也。[15]

以上说“中”。

问：“明道以‘不易’为庸，先生以‘常’为庸，二说不同？”

曰：“言常，则不易在其中矣。惟其常也，所以不易。但‘不易’二字，则是事之已然者。自后观之，则见此理之不可易。若庸，则日用常行者便是。”[16]

这是讲程颢和朱熹对“庸”的不同解释：明道以“不易”解释庸，朱熹以“常”解释庸。

或问：“‘中庸’二字，伊川以庸为定理，先生易以为平常……”曰：“惟其平常，故不可易；若非常，则不得久矣。譬如饮食，如五谷是常，自不可易。若是珍羞异味不常得之物，则暂一食之可也，焉能久乎！庸，固是定理，若以为定理，则却不见那平常底意思。今以平常言，则不易之定理自在其中矣。”[17]

这是讲程颐和朱熹对“中庸”的不同解释：程颐（伊川）

认为庸是世间“定理”，朱熹却用“平常”来解释“中庸”。

> 广因举释子偈有云：“世间万事不如常，又不惊人又久长。”曰：“便是他那道理也有极相似处，只是说得来别。故某于《中庸章句序》中著语云：‘至老佛之徒出，则弥近理而大乱真矣！’须是看得他那‘弥近理而大乱真’处，始得。”[18]

这是说老佛“弥近理而大乱真”，近理者，有物理也；乱真者，无伦理也。

以上说“庸”。

> 问：“中庸不是截然为二，庸只是中底常然而不易否？”曰：“是。”[19]

这是说“中”和“庸”的关系。“庸”是“中”的“常用”；“中”是“庸”的原则。

二

《中庸》一书，三千五百多字，在《礼记》中作为一篇，并未划分章节。朱熹分为三层，三十三章。朱熹《书中庸后》：

《中庸》一篇三十三章。其首章，子思推本先圣所传之意以立言，盖一篇之体要。而其下十章，则引先圣之所尝言者以明之也。至十二章，又子思之言，而其下八章，复以先圣之言明之也。二十一章至于卒章，则又皆子思之言，反复推说，互相发明，以尽所传之意者。某尝伏读其书，妄以己意分其章句如此。[20]

又说："《中庸》一书，枝枝相对，叶叶相当，不知怎生做得一个文字齐整。"[21]

如何齐整？朱熹这样划分：

第一层，共十一章（第一至十一章）。内容着重从多个角度论述中庸之道的普适性和重要性。朱熹说：

右第一章。子思述所传之意以立言：首明道之本原出于天而不可易，其实体备于己而不可离；次言存养省察之要；终言圣神功化之极。盖欲学者于此反求诸身而自得之，以去夫外诱之私，而充其本然之善，杨氏所谓一篇之体要是也。其下十章，盖子思引夫子之言，以终此章之义。[22]

我们把这第一层十一章标注为第一篇，"篇章"之标，与《论语》《孟子》篇章标注格式相应。第一篇的第一章是《中庸》全书的纲领。开篇即给“性、道、教”下了定义：“天命之谓性，率性之谓道，修道之谓教。”（1.0）天赋的人的本质就是人性，遵循人本真中的善性而动就是道，修养发明本真善性就是教。这三句话实际上确立了全书的逻辑框架。

天命之谓性，即是中；率性之谓道，即是和；修道之谓教，即是致中和。

第二层，共九章（第十二至二十章）。朱熹言：

> 右第十二章。子思之言，盖以申明首章道不可离之意也。其下八章，杂引孔子之言以明之。[23]

朱熹认为第十二章，既是子思对首章的解释和发挥，又是其下八章的总纲，处于关纽的地位。

我们把这九章列为第二篇。其中第二十章“哀公问”，分四小节（标号 2.8.1—2.8.4）。

需要说明的是，第一篇共十一章，其中第一章子思揭橥主旨，我们标注为“总纲一”（标号 1.0）。然后，接连十章引述孔子的话以说明。至第二篇开头的第十二章，子思又站出来说话，其实是跳越前十章，直接第一章，所以，归于第二篇的第十二章其实和第一篇的第一章一样，属于纲领性文字，我们标注为“总纲二”（标号 2.0）。

《大学》是“经一传十”，第一章，三纲八目，朱熹注曰：

"右经一章，盖孔子之言，而曾子述之。"孔子的话是经，曾子的话是传，这符合儒家尊孔述圣的规矩。而《中庸》的第一章（标号 1.0）和第十二章（标号 2.0），纲领性的文字，或曰"经"，是子思子的话，而后面接着 1.0 的十章和 2.0 的八章，又是孔子的话，用孔子的话支持自己。这几乎是以子思为经，以孔子为传了——这是一种特殊的文体，也是一种特殊的论证方式：以圣贤语录印证自家观点。这种方式，开启了中国古代论说文引用权威以证明自家观点的独特论述方式。

第三层即第三篇，共十三章（第二十一至三十三章）。朱熹在第二十一章下注：

> 右第二十一章。子思承上章夫子天道、人道之意而立言也。自此以下十二章，皆子思之言，以反复推明此章之意。"[24]

第二十一章亦为纲领性文字，我们标注为"总纲三"（标号 3.0）。

这一篇主要讲"诚"，这是《中庸》里面最重要的概念。《中庸》中的"中庸""中和"，都建立在"诚"的基础上。

《中庸》云："诚者……故时措之，宜也。"（3.4）所以，无"诚"即无"中庸"。《中庸》的"诚明"之论非常具有辩证性，本篇开宗明义，说："自诚明，谓之性；自明诚，谓之教。诚则明矣，明则诚矣。”（3.0）“诚”是“明”的逻辑前提，也是人性前提；但“明”也是“诚”的途径和方法，是《大学》所谓“明明德”的很好说明：“明德”即是“诚”，而“明明德”就是“明诚”。人天性中的“诚”，可以使人“明”；而追求“明”的行为，又可以发明人性中的“诚”。追求“明”的行为就是教育，教育就是“明明德”；“明明德”的教育，就是“大学”。而“学”的内驱力则是人天性中的“诚”。

朱熹谈“诚”：

> 或问：“中与诚意如何？”曰：“中是道理之模样，诚是道理之实处，中即诚矣。”又问：“智、仁、勇于诚如何？”曰：“智、仁、勇是做底事，诚是行此三者都要实。”又问“中、庸”。曰：“中、庸只是一事，就那头看是中，就这头看是庸。譬如山与岭，只是一物。方其山，即是谓之山；行着岭路，则谓之岭，非二物也。”[25]

《中庸》一书并未对“诚”下明确的定义，唯其如此，才使得“诚”具有了动态的功能性的意义，而不仅仅是静态的定义性的本体性意义，这种强调功能意义而相应弱化本体性认知的思维方式，是中国文化轻视知识性定义而强调价值性功用的体现。

三

《河南程氏遗书》卷十七："善读《中庸》者，只得此一卷书，终身用不尽也。"[26]

然而，《中庸》不易读。《中庸》的文风，与《论语》《孟子》，乃至与《大学》，都有很大区别。《论语》《孟子》平实家常，说的都是日常道理，由凡而圣，由俗而神，从具体人、具体事、具体问，作具体回答，具体应对，具体交付，所以，不抽象、不玄虚，人事互扣而事理相应。《大学》虽脱离具体事体而作理论性阐释，高屋建瓴，但"三纲""八目"，却是句句可以落实到生活，接应到人生，形上不虚，形下具在，豁然贯通。而《中庸》正如朱熹所说，劈面从高空而下，说鬼说神说天地，说心说性说修道，几使人都无理会处。朱熹说：

> 《中庸》多说无形影，如鬼神，如天地参等类，说得高。说下学处少，说上达处多。若且理会文义，则可矣。[27]

又说：

> 《中庸》之书难看，中间说鬼说神，都无理会。学者须是见得过道理了，方可看此书，将来印证。[28]

王阳明《传习录》下也说：

> 《中庸》一书，大抵皆是说修道的事：故后面凡说君子，说颜渊，说子路，皆是能修道的；说小人，说贤、知、愚不肖，说庶民，皆是不能修道的；其他言舜、文、周公、仲尼，至诚至圣之类，则又圣人之自能修道者也。[29]

所以，朱熹说："《中庸》，初学者未当理会。"[30] 也就是说，初学者不要直接读《中庸》，读了你也没法理会，没法理会你就暂时不要理会它。何时读才合适呢？朱熹建议："某说个读书之序，须是且着力去看《大学》，又着力去看《论语》，又着力去看《孟子》。看得三书了，这《中庸》半截都了，不用问人，只略略恁看过。不可掉了易底，却先去攻那难底。"[31]

朱熹的这个《大学》《论语》《孟子》《中庸》的学习顺序，是个"理会"经学的顺序，是一个人修齐治平的"大学"的顺序，是那个时代培养士大夫和经学家的顺序。从今天普及教育、平民教育的角度说，从传承文化的角度，这个顺序应该是：《论语》《孟子》《大学》《中庸》，这个顺序，也更适合我们今天的认知心理学。其实，即使在古代的乡村私塾，孩子们读的第一本书，也往往是《论语》而不是《大学》——私塾的老秀才，其实比朱熹更知道初入学的懵懂孩童，更适合从哪一本书开始——当然朱熹讲的读书顺序，不是针对懵懂少年说的，他说的是逻辑顺序。而近人钱穆先生的《四书释义》，其次序，也是《论语》《孟子》《大学》《中庸》。

[参考文献]

1 司马迁:《史记》卷四十七《孔子世家》，北京：中华书局，1982年，第1946页。

2 李翱:《李文公集》，上海古籍出版社，1993年，第8页。

3 朱熹:《四书章句集注·中庸章句序》，北京：中华书局，2012年，第14页。

4 朱熹:《四书章句集注·中庸章句序》，北京：中华书局，2012年，第14—15页。

5 孔安国传，孔颖达疏:《尚书正义》，阮元校刻：《十三经注疏》，北京：中华书局，2009年，第285页。

6《荀子·解蔽》，章诗同:《荀子简注》，上海人民出版社，1974年，第236页。

7《荀子·解蔽》，章诗同:《荀子简注》，上海人民出版社，1974年，第229页。

8《荀子·解蔽》，章诗同:《荀子简注》，上海人民出版社，1974年，第232页。

9《荀子·解蔽》，章诗同:《荀子简注》，上海人民出版社，1974年，第232页。

10 朱熹:《四书章句集注序》，北京：中华书局，2012

年，第 14 页。

11 参阅鲍鹏山：《论语导读》（修订增补版），北京：中国青年出版社，2021 年，第 258、267 页。

12 朱熹：《四书章句集注 · 中庸章句》，北京：中华书局，2012 年，第 17 页。

13 黎靖德编，王星贤点校：《朱子语类》卷六十二《中庸一 · 纲领》，北京：中华书局，1986 年，第 1480 页。

14 黎靖德编，王星贤点校：《朱子语类》卷六十二《中庸一 · 纲领》，北京：中华书局，1986 年，第 1480 页。

15 黎靖德编，王星贤点校：《朱子语类》卷六十二《中庸一 · 纲领》，北京：中华书局，1986 年，第 1480—1481 页。

16 黎靖德编，王星贤点校：《朱子语类》卷六十二《中庸一 · 纲领》，北京：中华书局，1986 年，第 1481 页。

17 黎靖德编，王星贤点校：《朱子语类》卷六十二《中庸一 · 纲领》，北京：中华书局，1986 年，第 1481 页。

18 黎靖德编，王星贤点校：《朱子语类》卷六十二《中庸一 · 纲领》，北京：中华书局，1986 年，第 1481 页。

19 黎靖德编，王星贤点校：《朱子语类》卷六十二《中庸一 · 纲领》，北京：中华书局，1986 年，第 1482 页。

20 朱熹：《晦庵先生朱文公文集》，《朱子全书》第 24 册，上海古籍出版社，合肥：安徽教育出版社，2010 年，第 3830—3831 页。

21 黎靖德编，王星贤点校：《朱子语类》卷六十二《中庸一·纲领》，北京：中华书局，1986年，第1479页。

22 朱熹：《四书章句集注·中庸章句》，北京：中华书局，2012年，第20页。

23 朱熹：《四书章句集注·中庸章句》，北京：中华书局，2012年，第24页。

24 朱熹：《四书章句集注·中庸章句》，北京：中华书局，2012年，第33页。

25 黎靖德编，王星贤点校：《朱子语类》卷六十二《中庸一·纲领》，北京：中华书局，1986年，第1483页。

26 程颢、程颐：《二程遗书》卷十七，上海古籍出版社，2000年，第222页。

27 黎靖德编，王星贤点校：《朱子语类》卷六十二《中庸一·纲领》，北京：中华书局，1986年，第1479页。

28 黎靖德编，王星贤点校：《朱子语类》卷六十二《中庸一·纲领》，北京：中华书局，1986年，第1479页。

29 王守仁撰，吴光等编校：《王阳明全集·传习录》，上海古籍出版社，2012年，第85—86页。

30 黎靖德编，王星贤点校：《朱子语类》卷六十二《中庸一·纲领》，北京：中华书局，1986年，第1479页。

31 黎靖德编，王星贤点校：《朱子语类》卷六十二《中庸一·纲领》，北京：中华书局，1986年，第1479页。

第一篇

1.0（总纲一）[1] 天命之谓性

天命之谓性[2]，率性之谓道[3]，修道之谓教[4]。

道也者，不可须臾离也[5]，可离非道也。是故君子戒慎乎其所不睹，恐惧乎其所不闻[6]。莫见乎隐，莫显乎微[7]，故君子慎其独也[8]。

喜怒哀乐之未发，谓之中[9]；发而皆中节，谓之和[10]。中也者，天下之大本也[11]；和也者，天下之达道也[12]。致中和，天地位焉，万物育焉[13]。

[译文]

天所赋予人的本质叫性，顺应这个本性叫道，修习这个道养成人格叫教。

道是一刻也不能背离的，可以背离的，就不是道了。所以君子戒慎于道看不见的时候，恐惧于道听不到的场合。没有比幽暗之时更醒目的，没有比细微之处更显眼的，所以君子于一人独处之时非常谨慎。

喜怒哀乐等情绪没有发生的平和时刻，叫作中；发作出来都符合节度，叫作和。中啊，是天下的根本；和啊，是天下的达道。扩充中和之境，天地安位于此，万物发育生长于此。

［注释］

1 朱熹曰："右第一章。子思述所传之意以立言：首明道之本原出于天而不可易，其实体备于己而不可离，次言存养省察之要，终言圣神功化之极。盖欲学者于此反求诸身而自得之，以去夫外诱之私，而充其本然之善，杨氏所谓一篇之体要是也。其下十章，盖子思引夫子之言，以终此章之义。"此章及以下十章，我们总之为第一篇。

2 命：给予，指派。《说文》"命，使也"，赋予。天命：天所赋予的。郑注："天命，谓天所命生人者也，是谓性命。"性：人的本性。这里指仁义、孝悌、忠恕、中庸等道德观念。朱熹："命，犹令也。性，即理也。天以阴阳五行化生万物，气以成形，而理亦赋焉，犹命令也。于是人物之生，因各得其所赋之理，以为健顺五常之德，所谓性也。"

3 率：遵循。道：人道，人生的道路、道理。

4 修：修习、修养、推行。教：教化，朱熹“若礼、乐、刑、政之属是也”。

5 须臾：一会儿，片刻。

6 戒慎：警惕谨慎。恐惧：敬畏小心。两个“其”，作代词，指“道”。不睹，不闻：道无所不在、无时不在却无形无声，故不睹不闻。而不睹不闻之时常常容易使人忘了道之存在而放肆不敬，故君子于此时，尤为戒慎恐惧。朱熹：“道者，日用事物当行之理，皆性之德而具于心，无物不有，无时不然，所以不可须臾离也。若其可离，则为外物而非道矣。是以君子之心常存敬畏，虽不见闻，亦不敢忽，所以存天理之本然，而不使离于须臾之顷也。”

7 见：同“现”，表现、发现。隐：隐蔽幽暗之处。微：细微之处。陶起庠：“‘莫见’是不容藏，‘莫显’是不少晦。须就‘隐’‘微’当下勘出，非隐而后见，微而后显，姑且有待之谓。亦非隐则必见，微则必显，宜防其渐之谓。只隐处便是见，微处便是显，无两境，并无异时。‘隐’‘微’即所谓‘独’‘莫见’‘莫显’，正见‘独’之当‘慎’，故用‘故’字紧接。”(《四书集说·中庸卷一》) 则“莫见乎隐，莫显乎微”的意思是，没有比隐蔽之时幽微之处更能显示一个人的内心。

8 慎其独：《大学》：“所谓诚其意者，毋自欺也。如恶恶臭，如好好色，此之谓自谦。故君子必慎其独也。”“此谓诚于中，形于外。故君子必慎其独也。”慎，谨慎。独，独在之时和独知之事。朱熹：“独者，人所不知而己所独知之地也。言幽暗之中，细微之事，迹虽未形而几则已动，人虽不知而己独知之，则是天下之事无有著见明显而过于此者。是以君子既常戒惧，而于此尤加谨焉，所以遏人欲于将萌，而不使其滋长于隐微之中，以至离道之远也。”慎其独，指独处时的自我戒惧。郑玄：“慎独者，慎其闲居之所为。”孔颖达：“言虽曰独居，能谨慎守道也。”（《礼记正义》卷五十二）

9 中：天命之性的安静本体，与“发”对言。“发”指天性之发动，性静情动。中，谓性也；发，谓情也。《乐记》：“人生而静，天之性也；感于物而动，性之欲也。”孔颖达疏云：“‘喜怒哀乐之未发，谓之中’者，言喜怒哀乐缘事而生，未发之时，澹然虚静，心无所虑而当于理，故谓之‘中’。‘发而皆中节，谓之和’者，不能寂静，而有喜怒哀乐之情，虽复动发，皆中节限，犹如盐梅相得，性行和谐，故云‘谓之和’。”（《礼记正义》卷五十二）朱熹：“盖天命之性，万理具焉，喜怒哀乐，各有攸当。方其未发，浑然在中，无所偏倚，故谓之中。及其发而皆得其当，无所乖戾，故谓之和。”（《中庸或问》）

10 中（zhòng）节：中，符合；节，节度，节点。和：

和谐，万物相得相生相依之状态。朱熹："喜、怒、哀、乐，情也。其未发，则性也，无所偏倚，故谓之中。发皆中节，情之正也，无所乖戾，故谓之和。"

11 天下：指天下之事与天下之物。大本：根本，因天下万物之理皆由"性"（中）出，为道之本体，"性"（中）故曰"大本"。

12 达道：普遍通行的法则。

13 致：达到，努力于，致力于。郝敬曰："'致'者，扩而充之。"（《礼记通解》卷十八）位：安其位。育：生育，遂其育。两个"焉"字，做"于此""于是"解，"在此"的意思。

[导读]

朱熹对此章的定位是：

右第一章。子思述所传之意以立言：首明道之本原出于天而不可易，其实体备于己而不可离；次言存养省察之要，终言圣神功化之极。盖欲学者于此反求诸身而自得之，以去夫外诱之私，而充其本然之善，杨氏所谓一篇之体要是也。其下十章，盖子思引夫子之言，以终此章之义。

这一章是《中庸》全书的纲领，主要有三层意思。

第一层意思，“天命之谓性”，是说人性来自天命，即天赋予人本性。当然，这种天赋之性，在《中庸》的作者看来，主要是善，包括仁义礼智信等道德信念。所以，人不能违背天，就是人不能违背自我。不违背自我，就是不做坏事，做好人——做好人是人性的题中应有之义，这也是后来孟子“人性善”的逻辑。“率性之谓道”的“道”，就是善道。儒家的道，其主要内涵就是伦理之道。“天命之谓性”，这一句的要义，在“天命”不在“性”，如此才有“率性之谓道”，由天理而成道，不是由一般的人性而成道，道来自天理。天——性——道，天命，人性和道，人性只是天命之寄放和人类实现。故，率性者，率意于天理，率意于天命，而不是率意于一己的私欲私情。率性是充分张扬完善人性中的天理。而儒家的教化之道，修道，就是教育。教育的根本宗旨，就是使人认同并遵循伦理，这就是所谓的“修道之谓教”。

第二层，善道既为人之本性，自然须臾不可分离。这包括两个意思：人与人性不可分离；人与善不可分离。须臾不可离，既指客观之不可离，也指主观之不该离。孔子云：“回也，其心三月不违仁，其余则日月至焉而已矣。”（《论语·雍也》）不违，即不离。然而，即使颜回，也只是“三月不违”，其余的人则大部分处在“离”的状态，只是偶然一致。“率性”一词，今日说起来，何等容易，随便一个人，随便放纵一下自己的性情乃至脾气，都说自己“率性”洒脱。其实，按照“率性”一词之本意去做，则难上加难：做人做事，往往碰到各种诱惑胁迫，乃至自家懈怠苟且，做到一依本性之善，“富贵不淫，贫贱不移，威武不屈”，诚非易事。且这个“善道”，非如脚下行走之道，时时以有形有质来引领我们，而是不可见不可闻，全靠自己心中默念，一不小心，就会置之度外，故君子常在“戒慎”“恐惧”之中。即使大圣孔子，也把“德之不修，学之不讲，闻义不能徙，不善不能改”(《论语·述而》)当成自己的担忧、忧虑。

第三层，“中和”之境。喜怒哀乐未发动之时，为人性之本，也叫“中”。中者，居其中而无偏移偏倚，无偏僻偏激也；中者，衷也，心性之衷也；中者，钟也，心性之凝聚也。中为心性之本体。喜怒哀乐发动之时，却又能乐而不淫、哀而不伤、怨而不怒，有所节制，就叫“和”。中，谓万籁俱寂，含蓄不发；和，谓万窍怒号，却和谐交响。中是天下的本体，和是天下的达道。达道者，万物皆由此通达之大道也。故，中，则天地归位而万物得所；和，则天地和谐而万物长育。《礼记·郊特牲·伊耆氏蜡辞》：“土反其宅，水归其壑。昆虫毋作，草木归其泽。”这是人类亘古的呼唤，呼唤天地之间的和谐与秩序。“天地位焉，万物育焉”，就是对这种呼唤的呼应。这是秩序，也是自由；这是静谧，也是喧腾；这是安详，也是活泼！此种境界，既是“譬如北辰，居其所而众星共之”（《论语·为政》）之大秩序，也是“天行健，君子以自强不息；地势坤，君子以厚德载物”（《周易》）之大活力与大恩德！

位，即是中；育，乃是和。位育，就是中和！

天命之谓性，即是中；率性之谓道，即是和；修道之谓教，即是致中和！

1.1 仲尼曰中庸

仲尼曰[1]：“君子中庸，小人反中庸[2]。君子之中庸也，君子而时中[3]；小人之反中庸也[4]，小人而无忌惮也。”

［译文］

仲尼说：“君子中庸，小人反中庸。君子的中庸，是君子时时保持不偏不倚；小人的反中庸，是小人无所顾忌。”

［注释］

1 仲尼：《中庸》引述孔子之言或述孔子之事，两处用“仲尼”（此处是一，另一处是“仲尼祖述尧舜”），其他皆称“子”。盖孔子学生称孔子为夫子，记言于籍则称“子”（如

《论语》)。后世称“子”者，亦以后学自居者。《中庸》为子思作，为后学，故称“子”允当。而两处称仲尼，盖以天下人口气称之。“子”为私称，“仲尼”为公称。用公称，示此类言论行为乃天下之公论也。

2 中庸：中，不偏不倚，无过无不及。庸，平常，常理。君子、小人：有三层含义上的区别，一是地位高低；二是德性高低；三是境界、胸襟、趣味高低。这里主要指后两者。另，上一章言“中和”，这一章变为“中庸”，朱熹曰：“变和言庸者，游氏（按：游酢）曰：‘以性情言之，则曰中和；以德行言之，则曰中庸是也。’然中庸之中，实兼中和之义。”“中和”与“中庸”的区别除了游酢所说一为性情、一为德行，还有一个区别：中和是上位者的德性，中庸则包含下位者的行为。故下文感叹：“中庸其至矣乎！民鲜能久矣。”一个“民”，暗示“中庸”之主体；一个“能”，暗示中庸是一种行为准则和能力。

3 时中：时时保持不偏不倚，随时处中，每一时每一事都妥当公允，既不随波逐流、混淆是非、和稀泥，也不刻板机械、苛刻高峻、不通人情。

4 原文作“小人之中庸也”，意为小人“无忌惮”（无是非、无原则、无坚守），以无操守、不守正为“中庸”；或以不顾人情、苛刻少恩、固执意必为“中庸”，其实这都是违背“中庸”的本义的。晋代王肃《礼记》注本作“小人之反中庸也”，程颐、朱熹以为然，本书以非专业读者和青少年为对象，以从简、从易为原则，从王肃。李贽《四书评》：“无忌只是一个不戒惧，无惮只是一个不恐惧。”

［导读］

朱熹：“右第二章。此下十章，皆论中庸以释首章之义。文虽不属，而意实相承也。”此章本为解释首章，但首章言“中和”，此章变而为“中庸”。“中和”侧重人之性情，“中庸”侧重人之德行，而“中庸”之“中”，已经包含“中和”之意，则“中庸”的意涵，已经超越“中和”，多出一个“庸”字。“庸”有“用”意，功用之意，《说文》：“庸，用也。”故“中和”只是“本体”，而“中庸”则本体与功用并重，既指万事万物之常理，又指出常理一直在制约万事万物之运行。

本章的关键词是“时中”与“无忌惮”。

时中，即随时而中，随事而中，随物而中。“中”是君子在面对一切事物时的原则，一切事物都有其“中”，找到一切事物的中，然后用之，此即“中庸”。中庸者，用中也，“允执厥中”的“厥”，作为代词，就是指代一切当下面对之事物。所以，“时中”的意思，不是千差万别的事物有一个共同的“中”，然后带着一个刻板的“中”去衡量千差万别的事物，而是不同事物有不同的“中”，君子善于在千差万别的事物中，发现其各自的“中”，然后允执厥中。

中必有时，不时则不中。时即应物变化，故时为中之题中应有之义。

那么，也就明白了小人的“无忌惮”，即带着一个所谓的标准答案，生搬硬套于所有事物之上，而无忌惮于不同事物的不同特点和性质，这是“事理”上的无忌惮；因为其自以为有所坚持执守而有一种道德上的自信、自负、自大，这是“伦理”上的无忌惮。孔子说的“言必信，行必果，硁硁然小人哉”(《论语 · 子路》)，就是这种不顾事物之“不齐”，而一定要等量齐观的坚确固执与道德自负。而孔子的“毋意毋必毋固毋我”(《论语 · 子罕》)，则是君子对这种必须忌惮之事的自觉绝弃。

小人自以为这种事理和伦理上的无忌惮还是“中庸”，其实是“反中庸”的。

1.2 子曰中庸其至

子曰："中庸其至矣乎[1]！民鲜能久矣[2]。"

［译文］

夫子说："中庸应该是一种最高的境界了吧！民众很少能做到中庸很久了。"

［注释］

1 其：副词，表示推测语气，恐怕，应该。至：最高。

2《论语·雍也》记孔子的话："中庸之为德也，其至矣乎，民鲜久矣。"《中庸》所引，当是从《论语》中来。但《论语》之"民鲜久矣"，语义模糊晦涩，子思当有所察觉而意改。

[导读]

孔子希望人类能拥有一种中和的性情和中庸的德性，在他看来，一旦具有中庸的德性和中和的性情，仁爱、正义、忠恕、孝悌、智慧等德性都会自然呈现出来。

除此之外，值得注意的是“民鲜能久矣”这句感叹。朱熹曰：“过则失中，不及则未至，故惟中庸之德为至。然亦人所同得，初无难事，但世教衰，民不兴行，故鲜能之，今已久矣。”中庸（中和）本是人天赋之性的本体特征，为何人民会失去它？这涉及两个问题：一是中庸、中和的状态很容易受影响而发生偏移，二是人民性情中的安详宁静、从容淡泊、自尊自爱也常常会被世道的残忍邪媚所扭曲。

其实，《大学》《中庸》都是在讲人的主体性及其保持和建设。《大学》讲人格之大，《中庸》讲人性之中，这两方面是人的主体性不可或缺、不可戕残的基本内涵。但世道陵夷，风衰俗变，人的主体性何等难以葆守！

最好的世道，就是葆有和发展人的主体性的世道；最坏的制度，就是损害人的德性的制度。孔子的叹息，意义深远矣。

1.3 子曰道之不行

子曰："道之不行也[1]，我知之矣：知者过之，愚者不及也。道之不明也，我知之矣：贤者过之，不肖者不及也。人莫不饮食也，鲜能知味也。"

[译文]

夫子说："中庸之道不能推行，我知道原因了：聪明的人过了头，愚笨的人够不着。中庸之道不能弘明，我知道原因了：贤人过了头，不贤人够不着。人没有不吃喝的，却很少有人能真正知味。"

[注释]

1 道：此处指中庸之道，观下文"过"与"不及"可知。朱熹："天理之当然，中而已矣。"

[导读]

"中庸"最重要的内涵是不偏不倚，无过无不及。而世上之人，往往或过或不及。

《论语·先进》：

子贡问："师与商也孰贤？"子曰："师也过，商也不及。"曰："然则师愈与？"子曰："过犹不及。"

其实，"中庸"相当于《大学》"止于至善"的"至善"概念，属于极限概念，所以，它只能是一个目标，一个方向，引领我们并且只能一直在前方引领我们。而一般人的性情、德性、行为不可能完全合乎"中庸"的标准，"中庸"的意义和价值，就在于对我们的性情、德性和行为的牵引——永恒之"中庸"，引领我们上升。

又《论语·子路》：

子曰："不得中行而与之，必也狂狷乎？狂者进取，狷者有所不为也。"

狂者和狷者，都是得"中庸"之一体而有所偏颇。因为有所偏颇，所以不能算“中庸”，但因为得“中庸”之一体，故又有可取之处，有值得交往之处。质言之，努力进取、自强不息和独善其身、有所不为，都是“中庸”的题中应有之义，合则中庸，分则狂狷。

另，本章的知者（智者）、愚者，是从认知能力高低上说；贤者、不肖者，是从德性高低上说。中庸首先是德性，是天命之性；但认知到中庸，并且能够做到“时中”，则需要认知能力。故德性迷失者失却中庸，认知不足者无能力中庸。这是“道之不行”的原因。

1.4　子曰道其不行

子曰："道其不行矣夫[1]！"

［译文］

夫子说："中庸之道大概是不能行世了啊！"

［注释］

1 其：副词，表示推测语气，大概，恐怕。夫：语气词，表示感叹。

［导读］

此章承接上章，感叹世人不能拥有中庸的德性，感叹社会不能有温柔敦厚的风气，感叹"道其不行"。

孔子虽然失望，却并不放弃，知其不可，而勉力为之，这正是圣人之所以为圣人之处。孔子平生，唯以行道为志，《礼运篇》有这样一段记载：

昔者仲尼与于蜡宾，事毕，出游于观之上，喟然而叹。仲尼之叹，盖叹鲁也。言偃在侧曰："君子何叹？"孔子曰："大道之行也，与三代之英，丘未之逮也，而有志焉。"

在赶不上"大道之行"与不及追陪"三代之英"的春秋末世，孔子明确表示了自己的"而有志焉"的人生宏愿。

司马迁《太史公自序》记董仲舒的话说：

孔子为鲁司寇，诸侯害之，大夫壅之。孔子知言之不用，道之不行也，是非二百四十年之中，以为天下仪表，贬天子，退诸侯，讨大夫，以达王事而已矣。

又记：

子曰："我欲载之空言，不如见之于行事之深切著明也。"

下面还具体分析了孔子整理六经的发心和动机，这一切，都说明孔子在行道。

“道其不行”，不是我们放弃道的借口，而恰恰是我们“行道”的理由。《论语·微子》记子路曰：“君子之仕也，行其义也。道之不行，已知之矣。”行其义，正在“道之不行”之时；“道之不行”之时，正是“行其义”的关口。孔子还说：“人能弘道，非道弘人。”(《论语·卫灵公》)“道其不行”也者，非道弘人也；行道也者，人能弘道也！其人谓何？三代之英与追随三代之英之无数后来者！

故此章子曰之“道其不行矣夫”，其逻辑结论是：道其不行矣夫，我当努力行道。“道不行”则“我行道”。大道通行之时，道行我；大道不行之时，我行道。这是圣贤的豪杰之处。李贽曰：“古今贤圣皆豪杰为之，非豪杰而能为圣贤者，自古无之矣。”(《与焦弱侯》)

1.5 子曰舜其大知

子曰："舜其大知也与[1]！舜好问而好察迩言[2]，隐恶而扬善[3]，执其两端[4]，用其中于民。其斯以为舜乎[5]！"

［译文］

夫子说："舜一定是有大智慧的人吧！舜喜好发问，喜欢考察、分析日常生活中的言论，隐弃其无益的东西而举用其有益的东西。他把握着'过'和'不及'这两端，而用中庸之道来治理人民。这就是舜之所以成为舜的原因吧！"

［注释］

1 其：与1.2"中庸其至矣乎"的"其"一样，表推测，恐怕，应该。与：同“欤”，表示感叹的语气词。

2 好（hào）：喜欢。察：此处有省察、思考意。迩言：日常言论，生活语言。

3 隐恶而扬善：此处善、恶指一般意义上的好与坏、优点与缺点、有益与无益，并非指道德意义上的极端善恶。若是极端的恶，不当一隐了之，而当力拒痛斥。隐：隐去，弃置，废而弃之。扬：弘扬，吸纳，举而用之。

4 执：把握。两端：这里指“过”与“不及”。

5 斯：此，这个。

［导读］

舜为什么是大智之人？

第一，舜“好问”。好问，可能有两种原因，一是他好奇心重，好奇心与智商正相关——智商高者好奇心重；一是他责任心大，责任心大就牵挂多，牵挂多自然就关心多，关心多就是博爱。关心多就好问。不好问者，往往是事不关己高高挂起，往往心肠冷。所以，汉语有个词：学问。学问，就是学会问。学会问又有三个意思：第一个，不耻下问，默而识之，在多问多闻中积累知识，这叫“道问学”；第二个，学会关心牵挂他人，做一个热心肠的人，见人有难就主动问，这叫“尊德性”；第三个，学会问一些根本性的问题，这叫“大学”。比如，求学问道是一种问，求田问舍也是一种问。问哪一种或更关心哪一种问，与人的境界有关。

《尚书·汤诰》：“好问则裕，自用则小。”舜好问，所以广博宏大，大而化之，成为圣人。

第二，舜“好察迩言”。察言，为什么好察迩言？难道远处的言就不闻、不问、不察？其实，这里说的并非故意关注“迩言”拒绝“远言”，而是关注、省察随时听到的言。随时听到的言，不是专门远去访察，不是像《诗经》和后世乐府诗那样专门采集而来的，不是专门远求而来的，也不是居高听卑、处上听下，而是就近随时所见所闻，即可观民风俗，知政得失。如果说“好问”是向外求和牵挂他人，则“察迩言”是获得外在信息之后，思量考察，如同颜回之“退而省其私，亦足以发”。孔子说“学而不思则罔”，同样，“问而不思”也会没有头绪，发现不了本质。察，就是思，就是省。

第三，“隐恶而扬善”。察迩言，也是希望别人对他畅所欲言，甚至吐露隐衷。要做到这一点，就要对他人的“恶”有包容和回护，对他人的善要宣传和赞扬。说得不对的，弃置不用就是，不打棍子、扣帽子、揪小辫子；说得对的，当然是吸纳采用，大力弘扬。这样的舜，当然是“大知”之人啊。

第四，也是最重要的，就是“执其两端，用其中于民”。用中庸之道治理天下，管理人民。

我们看，在如上所述的大舜的四大智慧里，重要的不是他的方法和技巧，而是他的心性，他的德性。孔子讲“为政以德”(《论语·为政》)，意思就是为政的根本，在于德。何为“德”？天命之性，中和之性，中庸之行！所以，中庸与其说是一种方法，毋宁说是一种德性。舜所具有的，就是这种德性。故《论语·卫灵公》：“子曰：‘无为而治者，其舜也欤？夫何为哉？恭己正南面而已矣。’”无为而治，就是“譬如北辰，居其所而众星共之”(《论语·为政》)。众星拱什么？拱卫其中和之德也。在上者中和，则在下者中庸。

小聪明只有心机，大智慧必有德性，甚至，大智慧就是德性，有德性就是大智慧。

1.6　子曰予知

子曰：“人皆曰‘予知’[1]，驱而纳诸罟擭陷阱之中[2]，而莫之知辟也[3]；人皆曰‘予知’，择乎中庸而不能期月[4]守也。”

[译文]

夫子说：“人们都说‘我知道’，但把他们驱赶到罗网、兽笼和陷阱之中却不知道避开；人们都说‘我知道’，但他们选择了中庸却连一个月长的时间都不能坚持下去。”

[注释]

1 人：此处泛指一般人，以与上文舜之“大知”作对比，显示圣愚之别。大舜不曰“予知”，而所作所为莫不智也；人皆曰“予知”，而所作所为莫不愚也。

2 驱、纳：为名利所驱逐，为欲望所诱入。诸：“之于”的合音。罟（gǔ）：罗网。擭（huò）：捕捉野兽的木笼。“罟擭陷阱”喻名缰利锁。

3 莫之知辟：即莫知辟之。辟，同“避”，躲避。

4 择：表示已有认知认同。期（jī）月：一个月。这里用来比喻时间很短。守：坚持而不离。《论语·雍也》：“子曰：‘回也，其心三月不违仁，其余则日月至焉而已矣。’”《论语》此处的“至”，即《中庸》此处的“择”；《中庸》此处的“守”，即是《论语》此处的“不违”。

［导读］

上一章讲舜的“大知”（大智），此章讲一般人的自以为知（智）。大智是知道坚持做正确的事，摈弃和避开不正确的事。而一般人的自以为知，其实是小聪明。小聪明之人，往往能知道好坏，却不能在正确的事上坚守，也不能自觉避开错误的事。

本章关键词：“知”“辟”（避）与“守”。知中庸的高明，乃至于已经在诸多选项中“择”中庸，却不能长守，而被驱纳入罟擭，这样的“知”，套用王阳明的话，即是“知而不行，只是未知”（《传习录》）。我们可以说，知而不守，还是未知。

此章两个“予知”的“知”，是自以为“知”(智)，另一个“莫之知”的“知”，音义如其形，是有所不知的“知”。知与智的关系，在此有很好的揭示：

一方面，知不同于智。择乎中庸者，已知中庸之美善也。不能守者，德性不足，为贪欲所驱逐而自纳于罟擭陷阱也。故知，往往只是事理认知，而智，则必有伦理认同。知，知事实；智，明价值也。

但另一方面，莫之知，即无有智也。知即智，无知即无智，无智不能知，能知即有智。这世界上很多事实性的东西，有知识，即能掌握，如孔子生于春秋，此一事实，有知识即可了解；而孔子思想之深厚高峻，孔子心灵之仁厚慈悲，非有智慧德性不能领有。价值性的东西，必须有智慧，才能真认知。大舜和众人的区别，不在于知识之多少，众人中定有人拥有大舜不知的知识与事实，但大舜超越众生，优入圣域，在其有智慧，有心灵，并用其感知世界的秩序、美好与仁慈，感知头顶的星空和内心的道德。

1.7　子曰回之为人

子曰：“回之为人也[1]，择乎中庸，得一善，则拳拳服膺而弗失之矣[2]。”

[译文]

夫子说：“颜回的为人啊，选择了中庸，得到了一条善的道理，就牢牢地奉持在心而永不丢失。”

[注释]

1 回：颜回，字子渊。此处孔子对颜回的称赞，参见上章注4。

2 拳拳：奉持把握的样子。服膺（yīng）：紧贴胸前，表示牢记心上。朱熹：“拳拳，奉持之貌。服，犹着也。膺，胸也。奉持而着之心胸之间，言能守也。”

［导读］

这章紧承上一章的“人”（一般人），以颜渊的境界作对比：一般人是“择乎中庸而不能期月守”，而颜渊则是“择乎中庸，得一善，则拳拳服膺而弗失之”。《大学》讲“止于至善”，“中庸”就是至善，关键是我们能不能“止（栖止）于中庸”。相比于“止于中庸”，“至于中庸”还是容易的，“日月而至”却不能止于此，而是违之而去，这能算智慧吗？

第六章讲大舜“大知”，第七章讲普通人自以为知，这一章又讲颜回的“大知”——三章之间，构成一种反复论证、对比说明的关系，比如第七章讲一般人之不能坚持善道，这一章就讲颜回之“拳拳服膺而弗失之”。上一章注 4 我们引述《论语·雍也》之“子曰：‘回也，其心三月不违仁，其余则日月至焉而已矣’”，与此章正好可以对看。

还有一点需要说明：颜回是以舜为榜样的。《孟子·滕文公上》：“颜渊曰：‘舜，何人也？予，何人也？有为者亦若是。’”而《中庸》这三章连续，也有鼓励一般人正视自身不足，而以大舜、颜渊为榜样的意思。

清人陶起庠《四书集说·中庸卷一》中有一段话说得好：

“为人”，是言其一生大概如此。“择”字要看得细。

回本明睿沉潜，具有真知在先，遇理再加斟酌，辨析毫厘之间耳。“一”字说得活，随择而随得也；“则”字下得紧，随得而随守也。“拳拳服膺”，不是强把这善牢记在心，盖实做工夫底人，此心刻刻操存，与理相依，便自不放他走失，而日用动静，随所当然便做出来，故能守处即是行道之所以明者。既件件行得无过不及，则精粗表里、全体大用愈觉分明，非复恍惚疑似之间矣。

1.8　子曰天下国家

子曰："天下国家可均也[1]，爵禄可辞也[2]，白刃可蹈也，中庸不可能也[3]。"

［译文］

夫子说："天下国家可以治理好，官爵俸禄也能推辞掉，锋利的刀刃也能用脚去踩，中庸之道还是难以做到啊。"

［注释］

1 天下：天子所有。国：诸侯所封。家：大夫所领。均：治理，平定，朱熹："均，平治也。"《大学》："身修而后家齐，家齐而后国治，国治而后天下平。自天子以至于庶人，壹是皆以修身为本。"则"天下国家可均"，关键在于是否愿意修身。

2 爵禄：爵位俸禄。辞：辞去不受。

3 不可：不可以，不能够。能：胜任，领受。

［导读］

这还是对比写法，更是衬托：用三件很难的事，来衬托一件更难的事。朱熹："三者亦知仁勇之事，天下之至难也，然不必其合于中庸，则质之近似者皆能以力为之。若中庸，则虽不必皆如三者之难，然非义精仁熟，而无一毫人欲之私者，不能及也。三者难而易，中庸易而难，此民之所以鲜能也。"

前三件事的难，"天下国家可均"，是愿不愿修身；"爵禄可辞"，是舍不舍富贵；"白刃可蹈"，是敢不敢犯险。三者都主要取决于主观之意愿，属于"愿不愿"之难，是孟子所谓"是不为也，非不能也"（《孟子·梁惠王上》）。而中庸的难，则是"能不能"之难。天下的难事，不过两种：一是自己是否舍得，有决心；一是自己是否能得，有能力。修身、辞爵禄和蹈白刃，是有无决心问题；能否胜任中庸，不仅需要意愿、决心，还要能力，故难上加难。

那么，一个问题出现了：子思为什么一直强调中庸实现之难？一边鼓吹弘扬中庸之道，一边反复申述其实现之难，这个思路是奇崛的。

答案是：子思以此免除我们能力上的压力和责任，而让我们专注于德性。

因为难，中庸才见证我们的德性；以其难，中庸养育和锤炼我们的德性。

从这个角度讲，“中庸”概念的提出，不是给德性一个追寻的“目标”，而是生成一个德性得以锤炼养成的手段和路径。德性才是目标。通过对“中庸”的无限接近，保持德性，提升德性，才是目标。

质言之，“中庸”不是德性的目标，“德性”才是中庸的目标。“德性”是子思提出中庸这个概念的目标。

很多时候，一个理想境界的提出，一个目标的树立，不是让我们“到达”，而是让我们“出发”。其价值，不在于我们能否“达至”，而在于我们有了“方向”，并保持状态。

1.9 子路问强

子路问强[1]。子曰："南方之强与[2]？北方之强与？抑而强与[3]？宽柔以教，不报无道，南方之强也，君子居之[4]。衽金革，死而不厌[5]，北方之强也，而强者居之[6]。故君子和而不流[7]，强哉矫[8]！中立而不倚，强哉矫！国有道，不变塞焉[9]，强哉矫！国无道，至死不变[10]，强哉矫！"

[译文]

子路问什么是刚强。夫子说："你问的是南方的刚强呢？北方的刚强呢？还是你所居中国的刚强呢？宽容温柔以为教化风习，不报复蛮横无道的行为，这是南方的刚强，君子就自居这种刚强。拿兵器、铠甲当枕头和席子用，死了也不悔恨，这是北方的刚强，强悍的人自居这种刚强。所以君子待人和顺而不随波逐流，强大啊矫矫不群！立身中道不偏不倚，强大啊矫矫独立！国家有道时不改变自己穷困时的志向，强大啊矫矫出众！国家无道时，至死也不改变自己的品性，强大啊矫矫超凡！”

[注释]

1 子路：姓仲，名由，字子路，又字季路，春秋时鲁国人，孔子学生。强：刚强，或强者。

2 与：同“欤”，表示疑问的语气词。下两句句末的“与”与此同。

3 抑：还是。而：同“尔”，你，你的，你所居之地。郑玄：“而之言女也，谓中国也。”（《礼记正义》卷五十二）与南方北方而为三。

4 宽柔以教，不报无道：宽容温柔以为教化风习，不报复无道之人。君子居之：因下文有“君子和而不流”，故有人疑此“君子”只是一般意义上的“好人”，后面的“君子”才是“真君子”，两者意义不同。但孔子不可能在同一次谈话中，同一个概念意义顿异不同。其实，不争不竞、自谦退让，虽然不是中庸那样的最高境界，却也是君子的必备、必要品性，只是不是充分品性而已。居之：指坚守此南方之强的信条，非指自居南方之地。下文“强者居之”之“居之”

义与此同。

5 衽：衣襟或席子，这里用作动词，穿戴或枕卧。金革：兵器和铠甲。厌：这里是悔恨、改变的意思。

6 强者：强悍者，好勇逞强者。

7 君子：中庸之君子。和而不流：和顺而不迁就同流。

8 矫：矫矫独立不群之状。强哉矫：强用来描述矫，矫是中心词。

9 变塞：变，改变。塞，穷困不达，此指穷困时的志向。不变塞，不改变穷困之时的操守，有富贵不淫之意。朱熹曰："国有道，不变未达之所守。"

10 国无道，至死不变：有贫贱不移之意。《论语·宪问》："久要不忘平生之言。"朱熹曰："国无道，不变平生之所守也。"

[导读]

先说子路，此人刚猛，并且常常以此自豪。而孔子呢？对勇敢这种品性有种忌讳和警惕，一般不把刚猛作为学业评价指标，所以子路常常在学业得分上吃亏。比如孔子常常在表扬他人的各种优点时，冷落子路，弄得作为大师兄的他常常灰头土脸。所以，他就只好常常含蓄抗议，提醒老师勇敢也是重要的品性，您老在人格评价的一级指标上有"勇敢"，为什么落实到二级指标、三级指标的时候，就没有了呢？

引一个《论语·述而》的例子看看：

> 子谓颜渊曰："用之则行，舍之则藏，唯我与尔有是夫！"子路曰："子行三军，则谁与？"子曰："暴虎冯河，死而无悔者，吾不与也。必也临事而惧，好谋而成者也。"

子路的内心，其实只是希望孔子把"勇敢"纳入学业评价指标，孔子当然知道他的这点可怜心思，但就是不给他得逞，还骂他"死而无悔"。《论语》中骂子路的"死而无悔"，就是这里孔子说的北方之强的"死而不厌"。可见，第一，孔子认为子路心中的强，就是那种北方之强，那种血气之勇，那种冒傻气以为义气的勇强。第二，孔子是反对"北方之强"的，这完全可以理解，正常的理性的文化，没有鼓吹穷兵黩武、好战杀伐的。朱熹将其解释为："北方风气刚劲，故以果敢之力胜人为强，强者之事也。"

那么，南方之强呢？孔子既称之为"君子居之"，则当然表明孔子对其是肯定的。朱熹曰："宽柔以教，谓含容巽顺以诲人之不及也。不报无道，谓横逆之来，直受之而不报也。南方风气柔弱，故以含忍之力胜人为强，君子之道也。"

南方之强虽然为"君子居之"，却也不是因为道德"有所养而至”，而是和北方之强一样，都是地理“风气”所致，所以，都出于“血气”，而不是出于“德义”。故孔子接下来指出子路应该拥有的“强”——“强哉矫”者，真刚强也。这真正的刚强有四种，一是和而不流，二是中立而不倚，三是不变穷时之所守，四是不变平生之志向。

《论语·公冶长》：

> 子曰：“吾未见刚者。”或对曰：“申枨。”子曰：“枨也欲，焉得刚？”

你看，孔子讲的刚，不是体格之刚、性格之刚，而是人格之刚、精神道德之刚。他所寄望于子路者，也是这种德义之刚。

1.10 子曰素隐行怪

子曰："素隐行怪[1]，后世有述焉[2]，吾弗为之矣。君子遵道而行，半涂而废[3]，吾弗能已矣[4]。君子依乎中庸，遁世不见知而不悔[5]，唯圣者能之。"

[译文]

夫子说："一直隐居，举止怪异，后世会传述这类人，我不做这种事。君子遵道而行，半途力竭而后可废，我不能停止前行啊。君子遵循中庸而行，隐藏于世不被人了解而不悔恨，只有圣人能这样。"

[注释]

1 素隐行怪：素,《汉书·艺文志》作"索"："孔子曰：

‘索隐行怪，后世有述焉，吾不为之矣。’”朱熹从之：“言深求隐僻之理，而过为诡异之行也。然以其足以欺世而盗名，故后世或有称述之者。此知之过而不择乎善，行之过而不用其中，不当强而强者也，圣人岂为之哉！”（按：下文有“遁世不见知而不悔”，疑此“隐”还是当作“隐居隐世”解，则素隐行怪，当解为“一直隐居却不甘寂寞而以怪异举止引人注意”。）

2 述：称述，记述。

3 涂：同“途”，道路。《论语·雍也》：“子曰：‘力不足者，中道而废。’今女画。”则“中道而废”，是“力不足”而非“愿不足”，故非孔子深责之对象。力竭而止，也正是求道之人的宿命，一如“死而后已”。故此处孔子言“半涂而废”，不是做否定的判断，而是肯定其力竭而止，至少是客观陈述求道之常态。

4 已：止，停止。朱熹：“圣人于此，非勉焉而不敢废，盖至诚无息，自有所不能止也。”

5 遁世：隐居。见：助动词，表被动，相当于“被”。

［导读］

一直隐居，以此非正常生活为常态，行为必然乖张。其实，如孟子言，“穷则独善其身，达则兼善天下”（《孟子·尽心上》），君子处世，中庸为道，自然是“无适无莫，义之与比”(《论语·里仁》)，哪能刻意？“可以仕则仕，可以止则止，可以久则久，可以速则速，孔子也。”(《孟子·公孙丑上》)仕隐之间，也是应时变化，“天下有道则见，无道则隐”(《论语·泰伯》)，“用之则行，舍之则藏”(《论语·述而》)。

再看《论语·微子》这一则：

> 子曰：“不降其志，不辱其身，伯夷、叔齐与！”谓柳下惠、少连：“降志辱身矣，言中伦，行中虑，其斯而已矣。”谓虞仲、夷逸：“隐居放言，身中清，废中权。”“我则异于是，无可无不可。”

孔子所述伯夷、叔齐、柳下惠、少连、虞仲、夷逸等人，都有所坚持，但都不能“时中”，属于我们前面说到的“伦理上的无忌惮”，对于时势的无忌惮。而孔子的“无可无不可”，则是“时中”的典范，故孟子说孔子，是“圣之时者也”，《孟子·万章下》：

> 孟子曰：“伯夷，圣之清者也；伊尹，圣之任者也；柳下惠，圣之和者也；孔子，圣之时者也。”

这个“时”，就是“时中”的意思。

所以，一直僵硬地用一种隐居的生活方式而不顾时势，是典型的反中庸的生活姿态，是对时命的“无忌惮”。与此同时，这种人往往又不甘寂寞而以怪异举止引人注意，博人眼球，虽然结果也常常如愿以偿——后世有述焉，但孔子对此明确表示不屑。这里的“行怪”，还让我们联想到“子不语怪力乱神”，怪力乱神这些东西固然在一定条件和环境下存在，却不符合“中庸”之道，不是常道，是“非常道”。

当然，必须指出的是，孔子对这种行为，只说自己弗为之，却没说这些行为决不可为，大约这些行为也就相当于“不得中庸，必也狂狷”之狂狷。故后人“志怪”盛行，成为小说的滥觞；而“子不语”也成为袁枚小说的书名——这些也还是有价值的，只是不够中和安乐。孔子以最高标准要求自己，所以，他对标的，是中庸。这正如颜渊对标的人格理想，是大舜。

除了因为不够中庸而“吾弗为”，还有“半途而废”的“吾弗已”。“弗为”是讲不做不中庸的事，“弗已”是讲不停止做追求中庸的事。注意，孔子讲的是“弗能已”，意思是，不是主观的“不停止”，而是客观的“不能停止”，不能停止而最终停止，一定是力竭而止，其实也就是死而后已。所以，半途而废之“半途”，不是指行至半途而改弦易辙，而是指行至半途生命终止；半途而废之“废”，不是事业之“废”，而是生命之终止；半途而废的“废”，就是死而后已的“已”——“死而后已”就是“弗能已”。质言之，若孔子不是长寿至七十，而是中道崩殂，又何能达至“从心所欲不逾矩”？

朱熹讲得好：“圣人于此，非勉焉而不敢废，盖至诚无息，自有所不能止也。”心中真有所好，自然是不能自止。注释3所引的《论语·雍也》：

> 冉求曰：“非不说子之道，力不足也。”子曰：“力不足者，中道而废。今女画。”

在《论语导读》里，我在此章下导读曰：“孔子不是批评冉求没有实现仁德的目标，而是批评他根本就没把仁德作为目标。”又说：“做好事需要看能力，做好人无须看能力，有愿力即可。”

《论语·里仁》：

> 子曰：“我未见好仁者，恶不仁者。好仁者，无以尚之；恶不仁者，其为仁矣，不使不仁者加乎其身。有能一日用其力于仁矣乎？我未见力不足者。盖有之矣，我未之见也。”

故冉求所谓的“力不足”，其实是“愿不足”。

子思强调中庸之难，不是吓阻我们，让我们废止，而是让我们不止。中庸之难，不在于考验我们的能力，而在于验证我们的愿力。中庸之难以企及的判断和申明，已经免除了我们能力上的责任，而只要求我们德性、信念上的坚定与坚韧。有此德性与信念，自然如孔子所说，是“弗能已”。

最后几句，“君子依乎中庸，遁世不见知而不悔，唯圣者能之”，意思是，君子遵道而行，而不免半途而废。若能坚持到底，而不素隐行怪以求显达知名，那就成为圣人了。荀子《劝学》：“学恶乎始？恶乎终？曰：其数则始乎诵经，终乎读礼；其义则始乎为士，终乎为圣人。”

另，朱熹在此章下注曰：“右第十一章。子思所引夫子之言，以明首章之义者止此。盖此篇大旨，以知仁勇三达德为入道之门。故于篇首，即以大舜、颜渊、子路之事明之。舜，知也；颜渊，仁也；子路，勇也：三者废其一，则无以造道而成德矣。”

第一篇至此结束。

第二篇

2.0（总纲二）[1] 君子之道费而隐

君子之道费而隐[2]。夫妇之愚[3]，可以与知焉[4]；及其至也[5]，虽圣人亦有所不知焉。夫妇之不肖，可以能行焉；及其至也，虽圣人亦有所不能焉。天地之大也，人犹有所憾[6]。故君子语大[7]，天下莫能载焉；语小，天下莫能破焉[8]。《诗》云："鸢飞戾天，鱼跃于渊[9]。"言其上下察也[10]。君子之道，造端乎夫妇[11]，及其至也，察乎天地。

[译文]

君子的道，其功用广大而本体精微。见识平常的匹夫匹妇也可以理解，但它最高深的境界，即使是圣人也有所不知。德性平常的匹夫匹妇也有能力实行道，但它最高深的境界，即使圣人也有所不能。天地那么广大了，人们还对它有遗憾。所以君子从大的方面说中庸之道，天下没有什么东西能容载它；从小的角度说中庸之道，天下没有什么能剖分它。《诗经》里说：“鸢飞戾天，鱼跃于渊。”这是说中庸之道彻上彻下交接天地。君子的道，从匹夫匹妇的日常生活开始，到了它最高的境界，就能交接天地了。

[注释]

1 朱熹：“右第十二章。子思之言，盖以申明首章道不可离之意也。其下八章，杂引孔子之言以明之。”此章及以下八章，我们总之为第二篇。此章是子思之言。朱熹：“凡章首无‘子曰’者放此。”

2 费：广大。隐：隐微。朱熹：“费，用之广也。隐，体之微也。”此“君子之道”仍然是指“中庸之道”。

3 夫妇：匹夫匹妇，指平常男女。“夫妇之愚”指普通人的见识。下文“夫妇之不肖”指普通人的德性。

4 与：参与。

5 至：极，最，这里指最高深的境界。这几句，朱熹概述曰：“君子之道，近自夫妇居室之间，远而至于圣人天地之所不能尽，其大无外，其小无内，可谓费矣。然其理之所以然，则隐而莫之见也。盖可知可能者，道中之一事，及其至而圣人不知不能。则举全体而言，圣人固有所不能尽也。

侯氏（按：侯仲良）曰：‘圣人所不知，如孔子问礼问官之类；所不能，如孔子不得位、尧舜病博施之类。’”

6 憾：遗憾，抱怨，心中感到不满足。朱熹：“人所憾于天地，如覆载生成之偏，及寒暑灾祥之不得其正者。”

7 故君子语大：这一句注家颇乱，甚至不注。有直接理解为“君子说大，君子说小”的，颇滑稽。据上下文意思，这句意思是君子从大的方面说中庸之道，下文“语小”即从小的角度说中庸之道。或当为“君子之道，语大”，增两字而意思相同。语：这里用作动词，说。

8 破：剖析，剖分。

9 鸢（yuān）：一种凶猛的鸟，俗称老鹰。戾：到达，冲击。所引诗出于《诗经·大雅·旱麓》。

10 察：呈现，昭著之意。郑注：“察犹著也。”“是其著明于天地也。”朱熹从之。杨伯峻《白话四书》说：“察”和繁体“際”同从祭声，二字相通，察即际（際的简体），则“言其上下察”的意思是：君子之道“可以和天地上下交接”。下文“察乎天地”，“察”也是“交接”的意思。译文从杨伯峻。

11 造端：开始。乎：于。夫妇：指男女日常生活。

［导读］

经典文本，我们往往只看到其庄严肃穆，很难看到其诗意盎然。其实，经典是对生活的概括，其高度概括、抽象的表达背后，是活泼泼的生活场景，其深刻的思想深处，更有活泼泼的情感。

比如这一章，从头至尾充满诗意。开头一句：“君子之道费而隐”，这简直就是赞美诗：中庸之道，其功用无所不在无时不在，其本体却幽微深隐而不可见——广大啊，精微啊，君子之道！广大却细微，细微到匹夫匹妇可以触及，广大到圣人也无法涵盖；高邈却日常，日常到匹夫匹妇可以看得见，高邈到圣人也无法把握；高深却谦卑，谦卑到匹夫匹妇可以攀缘，高深到圣人也不可企及；说它大，大到天不能盖地难埋；说它小，小到原子难再分。它在哪里？抬头看天，天高鸟飞；低头看水，海阔鱼跃。如此活泼泼的宇宙，活泼泼的生命，无不是遵循中庸之道，无不呈现着中庸之道！

注意，前面接连十章，都是引述孔子的话，至此，突然作者（子思）自说自话。前面十章，是在首章揭橥主旨之后，引孔子的话，用孔子支持自己；这一章，则是跳越前十章，直接第一章，故我们标注为总纲二。朱熹说：“右第十二章。子思之言，盖以申明首章道不可离之意也。其下八章，杂引孔子之言以明之。”也就是说，朱熹认为这一章，既是子思对首章的解释和发挥，又是其下八章的总纲，处于关纽的地位。

2.1 子曰道不远人

子曰："道不远人。人之为道而远人，不可以为道。《诗》云：'伐柯伐柯，其则不远[1]。'执柯以伐柯，睨而视之[2]，犹以为远。故君子以人治人[3]，改而止[4]。

"忠恕违道不远[5]，施诸己而不愿，亦勿施于人。

"君子之道四，丘未能一焉：所求乎子以事父，未能也；所求乎臣以事君，未能也；所求乎弟以事兄，未能也；所求乎朋友先施之，未能也。庸德之行，庸言之谨，有所不足，不敢不勉，有余不敢尽。[6]言顾行，行顾言。君子胡不慥慥尔[7]？"

[译文]

夫子说："道离不开人。一个人实行道却远离人，那不是实行道的路径。《诗经》里说：‘伐柯伐柯，其则不远。’（砍斧柄啊砍斧柄，斧柄的样子在手中。）拿着斧子砍木做斧柄，斜着眼睛去看树，还觉得斧柄的样子很远。所以君子以自修之道教化人，人能改正自新即停止对他的治理（听任他自治了）。

“忠恕离道不远。不愿意施加给自己的东西，也不要施加给别人。

“君子之道有四个方面，我孔丘一个也没有做到。用要求儿子的来侍奉父亲，没做到；用要求臣下的来侍奉君主，没做到；用要求弟弟的来侍奉哥哥，没做到；要求朋友做到的自己首先做到，没做到。平常德性的实行，我还有所不足，不敢不勉力以行；平常说话谨慎，留有余地不说满话。说话要照顾到行动，行动要照顾到说话。君子怎么能不汲汲努力呢？”

[注释]

1《诗》：指《诗经·豳（bīn）风·伐柯》篇。伐：砍。柯：斧柄。则：样子，尺度，法则。

2 睨（nì）：斜着眼睛看。朱熹：“言人执柯伐木以为柯者，彼柯长短之法，在此柯耳。然犹有彼此之别，故伐者视之犹以为远也。”朱熹的意思是，虽有斧柄在手上，但此斧柄与要做的斧柄还是有彼此之别的，所以伐者犹以为远。疑不确。此句意思当为：伐柯者不知道伐柯之道就在手上与眼前，反而舍近求远。这样理解，既顺承上文“道不远人”，直接《诗经》原意，又直启下文之“以人治人”。

3 以人治人：以人道治理人，以自修之道教化人。第一个“人”，指自身，第二个人，指他人。如“执柯伐柯”，两柯自是两柯，不是一柯，所异者，柯也，所同者，则也。

4 改而止：至其改正就停止。这三个字，解释众多，我们取最简单的。朱熹：“其人能改，即止不治。盖责之以其所能知能行，非欲其远人以为道也。”

5 忠恕：忠，“己欲立而立人，己欲达而达人”；恕，“己所不欲，勿施于人”。《论语·里仁》：“夫子之道，忠恕而已矣。”故违道不远。

6 庸：平常。行：实行。这一句不好理解，语法上如果调个顺序，就明晰了：“庸德之行，有所不足，不敢不勉；庸言之谨，有余不敢尽。”意思是：平常德性的实行，有所不足，不敢不勉力以行；平常说话谨慎，留有余地不说满话。朱熹：“行者，践其实。谨者，择其可。德不足而勉，则行益力；言有余而讱，则谨益至。谨之至则言顾行矣；行之力则行顾言矣。”显然，朱熹也是把“有所不足，不敢不勉”接于“庸德之行”；把“有余不敢尽”接于“庸言之谨”。

7 胡：怎么，为什么。慥（zào）慥：郑玄解释为“守实”，朱熹解释为“笃实貌”。王引之《经义述闻》卷十六：

郑注曰："慥慥，守实，言行相应之貌。"钱氏《答问》曰："古书'造'与'蹙'通。（韩子《忠孝篇》'舜见瞽瞍，其容造焉'，《孟子》作'其容有蹙'。《大戴礼·保傅篇》'灵公造然失容'，贾子《新书》作'戚然'）慥慥，犹蹙蹙，当取不自足之意。郑以为守实，恐未必然。"引之谨案："蹙蹙"亦非自慊之貌，不得云不自足也。"慥"之言蹙也、急也。《广雅》曰："蹙，急也，迫也。""慥慥"者，黾勉不敢缓之意，犹言汲汲耳。"君子胡不慥慥尔"，言君子何事不汲汲然自勉乎？《广韵》："慥，言行急也。"正指此篇言行慥慥而言。盖出卢植、王肃诸家所注，较郑义为长。

译文取王引之解释。

［导读］

李贽《四书评》："此篇与前篇，正说'道'只在五伦之内。有位育参赞之愿者，须在此处下手，此处蹉过，无处觅道矣。"

本章开头"道不远人"，是一篇之纲，一段话四个"远"字，可见主旨就是告诫我们不要旁搜远绍，好高骛远：人之为道而远人，不可以为道。

庄子说，道"无所不在"，甚至于"在屎溺"（《庄子·知北游》），那么，是不是修道、求道在任何地方都可以呢？是不是可以到屎溺中去求道呢？其实道家还真是这么认为的，道也确实在万物那里都有呈现。《大学》里讲的“格物致知”，也包含着这层意思。

但儒家所讲的道和道家所讲的道有一个很大的不同，儒家更侧重于讲道的伦理属性，而伦理只存在于人类世界中。

所以，在孔子看来，离开人去求道，那道就不再是“人道”了，不是伦理之道了。《中庸》开头即说，“道也者，不可须臾离也，可离非道也”。禅宗也说“担水劈柴，无非妙道，行走坐卧，皆是道场”。道就在人的日常生活中，在人的喜怒哀乐中。

接下来，引用《诗经》中“伐柯伐柯，其则不远”形容和比喻道其实就在身边。但人往往会舍近求远，“骑驴找驴”。舍近求远，犯的是和东郭子一样的错误：认为“道”必在高尚深远之处，而不知道道无处不在；而“骑驴找驴”，正如同“操斧伐柯”，是认知上的魔障。驴子就在胯下，斧柄就在手中，而治人之道，就在人，就在顺应人性。道德道德，万物之道就在个体之德中。

下文又讲“忠恕违道不远”，说的是，既然“君子以人治人”，以自家心胸体贴他人，则必然是“己欲立而立人，己欲达而达人”“己所不欲，勿施于人”。如何对待自己便是如何对待他人。待人之道就是治人之道。待人之道是什么？就是忠恕。尽己之心为忠，推己及人为恕。努力助人，大度恕人。

再往下看，孔子讲他四点没有做到，其实是孔子现身说法，用自己的例子来说明：人伦之道，如同“伐柯伐柯，其则不远”，就是我们希望别人怎么对待我们，我们就以此对待别人。

孔子这里所讲的“君子之道四，丘未能一焉”，不能仅仅看成是孔子的谦虚，而是对“君子之道费而隐”“及其至也，虽圣人亦有所不知焉”“及其至也，虽圣人亦有所不能焉”的进一步说明。

谦虚有两种：一种是相对于他人的谦虚——不及人；一种是相对于理想境界的谦虚——不及道。前者是自卑尊人，后者是自谦尊道；前者是敬重他人，后者是敬畏天道。孔子此处的谦虚，乃是对道的谦虚与敬畏，体现的，是相对于至高无上的道，圣人亦有所不知，有所不能行焉。

再往下，“庸德之行，庸言之谨”，“庸德”就是日常德性，“庸言”就是平常话语，一言以蔽之，就是我们平常的言行。在这些平常的言行里，有着我们日复一日的修行，这也是“道不远人”——修道。不需要什么特别的场景，更不是一种极限考验，也与能力无关，只与我们的愿望有关。《论语·雍也》：

> 子贡曰：“如有博施于民而能济众，何如？可谓仁乎？”子曰：“何事于仁！必也圣乎！尧舜其犹病诸！

夫仁者，己欲立而立人，己欲达而达人。能近取譬，可谓仁之方也已。”

子贡一下子把“行仁”说得很大，则几人能行？尧舜其犹病诸！这样的“道”，就太远离人了。如此远离人，使普通人望尘莫及的道，哪里还是无所不在的道？哪里还是“不可须臾离”的道？所以，孔子说“能近取譬”，从身边小事做起，这是行仁之道。

所以，修道不需要到远处，到深山老林中去。过好平常的日子，待好平常的人，做好平常的事，就是修道。后来王阳明说“在事上磨炼”，不是说要做大事、难事，甚至也不是一定要做好事，而是日常之事，我们都能用好的方式去做。唐朝无尽藏比丘尼的《悟道诗》：

终日寻春不见春，芒鞋踏破岭头云。
归来偶把梅花嗅，春在枝头已十分。

“道不远人”就是道在每一个当下。

最后，孔子讲“君子胡不慥慥尔”。君子，应该努力在日常生活中做好一个普通人，要有一种急迫感，一种只争朝夕的精神。

2.2　君子素其位而行

君子素其位而行[1]，不愿乎其外[2]。素富贵，行乎富贵；素贫贱，行乎贫贱；素夷狄[3]，行乎夷狄；素患难，行乎患难。君子无入而不自得焉。在上位，不陵下；在下位，不援上[4]。正己而不求于人，则无怨。上不怨天，下不尤人[5]。故君子居易以俟命[6]，小人行险以徼幸[7]。子曰：“射有似乎君子：失诸正鹄[8]，反求诸其身。”

［译文］

君子立足于自己所处的地位行事，不去企慕本分以外的东西。此刻富贵，就按照富贵的地位行事；此刻贫贱，就按照贫贱的地位行事；此刻居处在夷狄，就按照夷狄的风俗行事；此刻处于患难，就立足患难的处境行事。君子无论到了什么境地都能自得中庸之境。地位高的，不欺凌地位低的；地位低的，不攀附地位高的。矫正自己而不苛求于别人，就没有怨恨了。上不埋怨天，下不责怪人。所以君子安处平易以等待天命，小人冒险犯难以求侥幸一逞。夫子说："射箭好像君子：箭没射中靶心，回头在自己身上找原因。"

［注释］

1 素：素来，平素，此处有安守、立足之意。其位：当下所处之位，如"不在其位，不谋其政"之"位"。朱熹："素，犹见在也。言君子但因见在所居之位而为其所当为，无慕乎其外之心也。"

2 愿：希慕，企求。外：本分以外。

3 夷狄：古代称我国东方边远地区的民族为夷，北方为狄，夷狄泛指边远地区的民族。

4 陵：欺凌，霸凌。援：巴结，攀附。

5 尤：怨恨，责怪。《论语·宪问》："不怨天，不尤人，下学而上达。知我者其天乎！"

6 易：平坦，平易，简易。俟：等待。陶起庠曰："惟素位而行，不愿乎外，故君子所为顺理，安处于平易之地，而穷通得丧，一俟乎天之所命。"（《四书集说·中庸卷二》）

7 行险：冒险，犯险。徼幸：同"侥幸"，企求非分之得、意外成功或免去灾祸。陶起庠曰："小人则机械变诈，

常为所不当为，日行乎险阻之地，以徼求苟得之幸而已。”（《四书集说・中庸卷二》）

8 正鹄（zhēng gǔ）：两种鸟名。古代在布或皮上画上正或鹄的形象，作为箭靶子的中心。孔颖达疏：“正、鹄皆鸟名也。一曰：正，正也；鹄，直也。大射则张皮侯（靶子）而栖鹄，宾射张布侯（靶子）而设正也。”“正，谓宾射之侯；鹄，谓大射之侯。”（《礼记正义》卷五十二）

［导读］

这段子思的话，是为了发挥上一章孔子的“道不远人”。子思尤其强调人当立足于自身的当下条件，以此为依据和基础来行事、行道，这其实也是“知命”。“知命”的内涵之一，即是值守自己的命运，而努力向上。“素富贵，行乎富贵；素贫贱，行乎贫贱”，不仅是“富贵不能淫，贫贱不能移”，更是“富而好礼，贫而乐道”——行乎富贵者，好礼也；行乎贫贱者，乐道也。

这种思路，也是承接上一章之“庸德之行，庸言之谨”，讲行道无须苛刻的外在条件，此刻当下，任一处境，任一条件，都可以行道；还是“时中”之意：任一处境，任一事情，都有其中，都要行其中；同时也启发下一章之“行远必自迩，登高必自卑”。中庸之道，高峻处圣人不可及，而平易处匹夫匹妇即可行；高尚时需杀身成仁、舍生取义，而平实时就是日常之待人接物。

正因为行道无须苛刻的外在条件，也不待沧海横流方显英雄本色，每一个人的每一个人生瞬间和人生境遇都可以行道，行道就是“正己而不求于人”，所以也自然“上不怨天，下不尤人”。

前面我们讲到子思反复强调中庸之难，在把追求中庸与人的能力要素隔绝开来，免除人的能力之责任与压力的同时，也拒绝以“力不足”作为不行中庸的借口。此章又把追求中庸与人的外在境遇隔绝开来，使之成为追求中庸的可有可无的不相关因素。子思为什么又要这样做？因为，我们可以相信一个人的德性稳定，但不可相信一个人处境的不变，而处境会扭曲人的德性，使人暂时乃至习惯性放弃自己一贯的品性而变恶。《孟子·滕文公上》：“民之为道也，有恒产者有恒心，无恒产者无恒心。苟无恒心，放辟邪侈，无不为已。”此话在《孟子·梁惠王上》也有，可见孟子深惧环境对人的改变。他讲“富贵不能淫，贫贱不能移，威武不能屈”，其实正是他深谙一般人性之富贵而淫，贫贱善移，威武则屈的特点。饱暖而思淫欲，无恒产则无恒心；富贵而骄，贫贱易谄。人生何处而不是危险崩绝之境？又何处而不是见证坚贞磨炼德性之所？何必高山深谷、惊涛骇浪、死生悬绝之时？

人生处处是畏途。

所以，“君子居易以俟命”，安处平易踏实之处，“庸德之行，庸言之谨”，做好自己，以待天命。而小人，不仅不知日常之中自有险地，甚至水深火热之时，山高水长之处，也不知收手，为富不仁，以求侥幸。孔子曰：“人之生也直，罔之生也幸而免。”（《论语·雍也》）幸免而生，无乃太险乎！

2.3 君子之道

君子之道，辟如行远必自迩[1]，辟如登高必自卑[2]。《诗》曰[3]："妻子好合[4]，如鼓瑟琴[5]；兄弟既翕[6]，和乐且耽[7]；宜尔室家[8]，乐尔妻帑[9]。"子曰："父母其顺矣乎[10]！"

[译文]

君子之道，如同远行，必须从近处开始；如同登高，必须由低处开始。《诗经》里说："妻子好合，如鼓瑟琴；兄弟既翕，和乐且耽；宜尔室家，乐尔妻帑。"（妻儿和好，如弹琴瑟。兄弟和睦，融洽欢乐。称心你家庭，快乐你妻儿。）夫子说："这样父母大概就称心如意了吧！"

[注释]

1 辟：同“譬”，譬如。迩：近。

2 卑：低。

3《诗》：指《诗经·小雅·棠棣》篇，主题是写兄弟宴饮时歌唱兄弟之亲情。

4 妻子：指妻子和儿女。好合：和好。

5 鼓：弹奏。瑟：古代和琴略同的一种乐器。

6 既：尽，都。翕（xī）：合，和睦。

7 且：又。耽：快乐。

8 宜：适宜，使和睦。尔：你的。

9 帑（nú）：同“孥”，子女。

10 其：表示推测的语气。顺：顺心。

[导读]

此章顺承上一章的“君子素其位而行，不愿乎其外”，讲行道就从身边做起，从身边人做起。做好一个普通人，让家庭和睦，兄弟亲爱，父母顺心，这就是人道！

2.4　子曰鬼神之为德

子曰："鬼神之为德[1]，其盛矣乎！视之而弗见，听之而弗闻，体物而不可遗[2]。使天下之人，齐明盛服以承祭祀[3]，洋洋乎如在其上，如在其左右[4]。《诗》曰[5]：'神之格思[6]，不可度思[7]，矧可射思[8]？'夫微之显[9]，诚之不可掩[10]，如此夫！"

[译文]

夫子说："鬼神作为德性的载体，很盛大的啊！看它看不见，听它听不到，它影响万物而无所遗漏。让天下的人斋戒洁净，盛装来祭祀它。它流动洋溢啊，如同在祭祀者之上，如在祭祀者左右。《诗经》说：'神之格思，不可度思，矧可射思！'（鬼神的降临啊，人不可能预测，何况对它厌怠不敬呢！）从微细到显著，人心中的诚不能掩没，不也像鬼神之不可回避吗！”

[注释]

1 为德：鬼神的存在形式、功能、性质等。朱熹：“为德，犹言性情功效。”鬼神之为德：作为德性和道德功能存在的鬼神。

2 体物：鬼神的功能。体现在万物之中，对万物的影响。朱熹：“鬼神无形与声，然物之终始，莫非阴阳合散之所为，是其为物之体，而物所不能遗也。其言体物，犹《易》所谓干事。”不可遗：犹言“无所遗”。

3 齐（zhāi）：通“斋”，斋戒。明：洁净。齐明：在祭祀前，沐浴更衣，不饮酒，不吃荤，以显示自己身心都很干净。盛服：庄重的服饰。承：奉承，奉守承办。

4 洋洋乎：流动洋溢欢喜和乐的样子。两个“如”：如同，好像，与“祭如在，祭神如神在”（《论语 · 八佾》）之“如”同。两个“其”，指代祭祀者。鬼神如在祭祀者之上，之左右，享受其祭祀。

5《诗》：指《诗经 · 大雅 · 抑》篇，据说是卫武公自儆之诗，又说此诗写卫武公刺王室，亦以自戒。

6 格：来临。思：句尾语气词，无意义。下同。

7 度：测度，推知。

8　矧（shěn）：况且。射：音义同"斁（yì）"，厌怠，不恭。朱熹："言厌怠而不敬也。"

9　微之显：自微至显。之：到，去。

10　诚：朱熹："诚者，真实无妄之谓。阴阳合散，无非实者。故其发见之不可掩如此。"

［导读］

其实，鬼神到底是否为物理性存在，孔子并没有确认。这里孔子只讲"鬼神之为德"，我将其翻译为"鬼神作为德性的载体"，意思就是说，鬼神是否有本体性存在，孔子也是存疑的。

《论语·八佾》：

> 祭如在，祭神如神在。子曰："吾不与祭，如不祭。"

我的《论语导读》这样解释：

> 细揣孔子的话，似乎可以认为：孔子并不真的以为鬼神事实存在，他只把它们作为一种价值存在。
>
> 既然孔子并不认为鬼神真在，为什么他又要装作"如在"？因为，祭祀鬼神，不是因为鬼神事实存在，而是在对鬼神的祭祀里，有一种人间不可或缺的价值。

《论语·雍也》:

> 樊迟问知，子曰:“务民之义，敬鬼神而远之，可谓知矣。”问仁，曰:“仁者先难而后获，可谓仁矣。”

我的《论语导读》这样解读:

> 既“敬”鬼神，为何又“远之”? 因为“敬鬼神”，是为了敬一种价值，而“远之”，是因为不相信鬼神实有，不必也不能沉迷。不知敬畏神秘力量，是没有信仰；迷信鬼神实有，是缺少理性精神。既有信仰，又有理性，这就叫智慧。

其实，孔子主要是从“价值”的角度谈鬼神，《中庸》的这一章也是如此。这种“价值”，就是鬼神的功能——一种道德上的功能，对鬼神的信仰和敬畏，实际上是道德实现的手段之一。

《易经·观卦》:“观天之神道，而四时不忒，圣人以神道设教，而天下服矣。”孔颖达疏:“圣人法则天之神道，本身自行善，垂化于人，不假言语教戒，不须威刑恐逼，在下自然观化服从。”(《周易正义》)

其实，鬼神这种无稽之物被创造出来，就是为了某种价值，对此，圣人知之，小人迷之。而在特定的历史条件下，圣人还就是利用小人的“迷信”来实现道德目标，此即《易经·观卦》所谓的“神道设教”。盖迷信也是一种信，有信则有行，无信则无行，信行则忠良孝悌，无行则放辟邪侈。故有信之民，胜过无信之民远矣。

《荀子·礼论》：

> 祭者，志意思慕之情也，忠信爱敬之至矣，礼节文貌之盛矣。苟非圣人，莫之能知也。圣人明知之，士君子安行之，官人以为守，百姓以成俗。其在君子，以为人道也；其在百姓，以为鬼事也。

知道没有鬼神，不过是知识。而能明了一切鬼事不过人道，鬼神只是为了验证和考验我们的真诚恻怛，则是智慧。

但《中庸》此章的主要用意还不是谈鬼神，而是借鬼神谈人心中的“诚”，两者的关联表现在两个方面：第一，两者都是功能性存在，是内心中的一种信念和敬畏，信则有，不信则没有；信则有敬畏，有敬畏则行为有规矩；不信则无所畏惧，无所畏惧则无所约束。第二，两者虽然不可捉摸，不可测度，视之而不见，听之而不闻，但其功能却实实在在，自微至显，不可否认，不可掩盖。鬼神不可见闻，而体物不可遗；内心中的诚不可说明，而塑人无遗失——心中有诚，以诚待人待物，君子也；心中无诚，以伪饰己面世，小人也！

这是《中庸》第一次出现“诚”这个概念。作为《中庸》的核心概念，“诚”至此才出现，可谓铺垫深远：前文的“戒惧”“恐惧”“忌惮”“拳拳服膺”“忠恕”“慎独”“不敢不勉”“慥慥”，莫不是“诚”之一体！

什么是诚？诚，真实、纯粹、高贵的情感。佛的慈悲，孔子的仁，耶稣的博爱，墨子的兼爱，凡此种种单纯高贵的情感，都叫诚。

登山则情满于山，观海则意溢于海，是诚；气之动物，物之感人，摇荡性情，形诸舞咏，是诚。义愤填膺叫诚，悲悯满怀叫诚。不平则鸣叫诚，忍气吞声叫诚。杨朱泣歧路叫诚，墨子悲练丝叫诚。曾参三省吾身叫诚，颜渊退而省其私叫诚。用之则行叫诚，舍之则藏叫诚。达则兼善天下叫诚，穷则独善其身叫诚。富而好礼叫诚，穷而乐道叫诚。孔子曲肱而枕之是诚，第欧根尼睡在木桶是诚，白天打灯笼上街寻找诚实的人叫诚，避人不避世十四年周游列国叫诚。叫亚历山大躲开不要挡住自己晒太阳叫诚，拒绝回答卫灵公战阵之事叫诚。

2.5　子曰舜其大孝

子曰："舜其大孝也与！德为圣人，尊为天子，富有四海之内，宗庙飨之[1]，子孙保之。故大德必得其位，必得其禄，必得其名，必得其寿。故天之生物，必因其材而笃焉[2]。故栽者培之[3]，倾者覆之[4]。《诗》曰[5]：'嘉乐君子[6]，宪宪令德[7]。宜民宜人[8]，受禄于天。保佑命之，自天申之[9]。'故大德者必受命。"

[译文]

夫子说："舜大概是最孝的吧！从道德上说他是圣人，从地位上说他是天子，拥有天下的财富，死后在宗庙里受到祭祀，子孙后代都保持着对他的祭祀。所以大德之人必定能得到他应得的地位，必定能得到他应得的福禄，必定能得到他应得的名声，必定能得到他应得的年寿。所以上天生养万物，必定根据它的材质而珍惜养育它。能栽培的就培植它，倾斜的就让它倒伏。《诗经》里说：‘嘉乐君子，宪宪令德。宜民宜人，受禄于天。保佑命之，自天申之。’（和善安乐的君子，美德光明而显耀。宜于百姓宜贵族，他的福禄来于天。上天保佑任命他，福禄不断降给他。）所以有大德的人必定受天命为天子。”

[注释]

1 宗庙：古代天子、诸侯祭祀祖先的处所。飨（xiǎng）：用酒食款待人，这里指以祫（xiá）祭（古代天子或诸侯把远近祖先的神主集合在太庙里进行祭祀）的形式来祭祀先王先祖。

2 笃：深厚。朱熹：“笃，厚也。”这里用作动词，珍惜养育的意思。

3 栽者：指能栽培种植成材的。培：培育。朱熹：“气至而滋息为培。”唐文治：“因材而笃，所谓天演之公理也。凡培之覆之者，皆物之所自为也。培者，扶之植之也。天之于物，所以扶之植之者，必其物有可以扶、可以植之道。若本无可扶，本无可植，虽勉强以扶之植之，终必倾覆而后已。”（《四书大义·中庸大义》）

4 倾者：倒伏的，指不成材的。覆：毁灭。朱熹：“气反而游散则覆。”

5《诗》：指《诗经·大雅·假乐》篇，其“假乐”当作“嘉乐”，是赞美王者的诗歌，歌颂王者敬天法祖，任贤，与民休息，多福多子孙。

6 嘉乐：和善而安乐。

7 宪宪：同“显显”，显著。郑玄：“宪宪，兴盛之貌。”令：美好。令德：美德。

8 民：指普通民众。人：指贵族百官。

9 申：如上文“必因其材而笃焉”之“笃”，有加意栽培护佑之意。朱熹《诗集传》：“申，重也。言王之德，既宜民人而受天禄矣；而天之于王，犹反覆眷顾之不厌，既保之右之命之，而又申重之也。”

［导读］

此章表现出了孔子的乐观精神和正当信念。他以大舜有大德，同时获得大位、大名、大禄、大寿（朱熹：“舜年百有十岁。”），而找到了两者之间的关系，得出“大德者必受命”的结论。这在逻辑上属于举例论证，是不完全论证，因为，历史一再证明，小人常常得志，而君子时时坎。大德如孔子，也没有“受命”，后人只好称之为“素王”。

而孔子如此结论，其实是为了鼓励人们努力上进，希望人们有正当的信念。这番话和“天助自助者”“天道酬勤”“爱人者，人恒爱之；敬人者，人恒敬之”（《孟子·离娄下》）等言论一样，都是一种价值倡导而非事实论证。

《孟子·离娄下》在讲了“爱人者，人恒爱之；敬人者，人恒敬之”之后，还有下面这段话：

> 君子有终身之忧，无一朝之患也。乃若所忧则有之：舜，人也；我，亦人也。舜为法于天下，可传于后世，我由未免为乡人也，是则可忧也。忧之如何？如舜而已矣。若夫君子所患则亡矣。

君子唯一的忧患就是比不上大舜，除此之外，没有什么忧患的了（若夫君子所患则亡矣）。则孔子孟子，都不过是立舜为标杆，鼓励普通人上进而已。

另，《论语·里仁》：

> 子曰：“富与贵，是人之所欲也，不以其道得之，不处也。贫与贱，是人之所恶也，不以其道得之，不去也。”

故，有德不必得其位，不必得其禄，不必得其名，不必得其寿，是“不以其道得之，不去也”。而无德倒有可能得其位，得其禄，得其名，得其寿，但这“得”，属于“不以其道得之”。由此观之，孔子说话，往往不是就“实然”立论，而是就“应然”立论。从这个逻辑上说，“大德者”确实应该得其禄，得其名，得其寿。程子曰：“天之报应，皆如影响。得其报者，是常理也；不得其报者，非常理也。”（《二程集·河南程氏遗书》卷十五）从人生信念的角度说，只有相信正当的、常理的东西，才能建立正当的价值观。陶起庠解释本章的“培”与“覆”，可以移过来看看儒家的因果必然：

> “材”，谓物之本质也。“因”者，随物付物，物无侥幸于天，天无所私厚于物，不能强为必然，而又不能故为不然。一一适如其数以应之，故曰“因”。物之与天，本同一气。其“栽”者，则生意向盛，与天地之气相通；“倾”则生意已绝，与天地之气不相连属了。《章句》“气至”“气反”，其气即在那物身上辨取，或“培”或“覆”，天实无心，而随物所宜，自然成化。天道无私，何有厚薄？只为物材不同，所受各别，故觉有厚薄耳。其实天只是培，未尝有覆也。但看春夏雨露，秋冬霜雪，或得之以长养，或藉之以敛藏，何一非培？何一是覆？然有承受得底，有承受不得底，便见得若者是培，若者是覆，其故在物不在天。因上大德必得，故说因材而笃。“笃”既训“厚”，本意只重“栽培”上，“倾

覆”带说不重。(《四书集说·中庸卷二》)

人生福禄，自在自身德行上求，这就是“君子居易以俟命”；“富贵险中求”，甚至卖身求荣，那就是“小人行险以侥幸”。做一个“嘉乐君子”，也当如《诗》所云，有着“宪宪令德”，并且施德于人，“宜民宜人”，然后方可“受禄于天，保佑命之，自天申之”！

2.6　子曰无忧者

子曰："无忧者，其惟文王乎[1]！以王季为父，以武王为子[2]；父作之，子述之[3]。

"武王缵大王、王季、文王之绪[4]，壹戎衣而有天下[5]。身不失天下之显名[6]，尊为天子，富有四海之内，宗庙飨之，子孙保之。

"武王末受命[7]，周公成文、武之德[8]，追王大王、王季[9]，上祀先公以天子之礼[10]。斯礼也[11]，达乎诸侯、大夫及士、庶人。父为大夫，子为士，葬以大夫，祭以士；父为士，子为大夫，葬以士，祭以大夫。期之丧，达乎大夫[12]；三年之丧[13]，达乎天子；父母之丧，无贵贱，一也。"

[译文]

夫子说："无忧的人，大概只有周文王吧！王季是他的父亲，武王是他的儿子，父亲开创了他的事业，儿子继承了他的事业。

"周武王继承了他曾祖父太王、祖父王季、父亲文王未竟的事业，灭大殷而取天下。自身没有丧失全天下的美名，尊贵为天子，拥有四海之内的财富，死后在宗庙里受到祭祀，子孙永远保持对他的祭祀。

"周武王晚年受命成为天子。周公成就了文王、武王的德业，追封太王、王季为王，往上以天子之礼祭祀太王以前的祖先。这种礼，通行于诸侯、大夫、士、庶人。父亲是大夫，儿子是士，安葬父亲用大夫的礼，祭祀父亲用士的礼；父亲是士，儿子是大夫，埋葬父亲用士的礼，祭祀父亲用大夫的礼。为旁亲服一年的期丧，这种制度实行到大夫；为父母服三年的斩衰丧，这种制度实行到天子：为父母服丧，无论贵贱，都是一样的。"

[注释]

1 惟：只有。文王：周文王，姓姬，名昌，古公亶父的孙子，周武王的父亲。

2 王季：周文王的父亲季历，姓姬，名历，季是排行，号"西伯"，意为西方诸部落的伯长。武王：周武王，姓姬，名发，周文王的儿子，灭商建周。

3 作：起始。述：继承。

4 缵（zuǎn）：继承。大王：季历的父亲古公亶父。绪：事业。

5 壹戎衣而有天下：朱熹："戎衣，甲胄之属。壹戎衣，《武成》文，言一着戎衣以伐纣也。"《尚书·康诰》有"殪戎殷"，诛杀大殷的意思。陈成国："依上古音韵，'衣''殷'阴阳对转，'衣'可以解为'殷'。《尔雅·释诂》：'戎，大也。'戎衣，就是大殷，也就是研契诸家熟知的'大邑商'。"（《四书五经校注本》）译文从陈成国。

6 显名：盛名。

7 末：末年，晚年。受命：接受天命做天子。

8 周公：姓姬，名旦，周武王的弟弟。他"制礼作乐"，是西周典章制度的主要制定者。武王死后，成王诵即位，年幼，由姬旦摄政（代君王处理政务）。

9 王（wàng）：用作动词，尊为君王的意思。追王：后代加封先祖为王。古公亶父、季历活着的时候还不是王，西周王朝建立以后，追封他们为王，称之为大王、王季。

10 先公：周的历代祖先。

11 此下文字乃注解上句"天子之礼"，行文逻辑有跳脱。

12 期（jī）：一周年。期之丧：又称期服，期丧，是指服丧期限一年者，系为亲近的亲人服丧。这种丧之所以只实行到大夫，是因为亲戚众多，而诸侯、天子有国事天下事要担当，不宜长在服丧之中。

13 三年之丧：服丧三年，是丧礼中最重的一种。按周礼规定，父母死后，儿子要服丧三年。

[导读]

上一章讲到“大德者必受命”，但显然，这种说法在一定时限内和一定形式中，是不可验证的：周文王就是大德之人，可是他至死没有受命为天子；周公是大德之人，可是也只做过摄政王；孔子更是大德之人，却终生栖栖遑遑，未得其位，未得其禄。我们上一章的导读里讲到，这里面有对修养道德者的鼓励，但是，对于已经过去了的文王、周公和孔子，这不是很大的遗憾吗？而他们不得其报的经历，不是会让很多追随道义的人忧虑吗？

于是，这一章，开头直接引出文王，直接一句感叹：无忧者！

我们不妨把时间拉长一点，文王最终还是“受命”了——被子孙“追王”；周公毕竟“得其位”了——制礼作乐的功德其实已经超越了一个时代而引领千秋万代；孔子更是成了圣人，世世代代享受帝王对他的祭祀，祭孔成为历代皇帝三大祭（祭天地、祭祖宗、祭孔）之一。如果说，一代一姓之王只能“子孙保之”，则孔子是天下人世世代代保之；如果说，周公把王国的法律（哲学意义上的法律）建立在后来的每一个朝代中；孔子则是把信仰建立在代代相传的人心之中。

如此看来，时间，何曾饶过谁，又何曾委屈过谁？

在时间之流中，“大德者必受命”，其实是一个正当的命题。

本章最后，讲到了周公的礼：礼是维护宗法制社会稳定的根本手段。这其实就是讲周公的“位”：周公的“位”，不在某一个场合，比如朝堂之上；不在某一个时间，比如周朝，而是在所有的时间里，所有的空间里。他把他的“位”，安置在了人心之中，安置在了文化之中。

《礼记·祭统》说：“凡治人之道，莫急于礼。礼有五经，莫重于祭。”在诸多礼中，祭丧之礼又最为重要，最为隆重，因为“慎终追远，民德归厚矣”(《论语·学而》曾子言)。儒家之所以如此重视丧祭之礼，其实旨在一个延续的时间里，让人生获得意义和正义。人生不能以死亡作为结束，如果以死亡作为结束，会有两个严重的问题影响人们对人生意义的认知：第一，在有限的活着的时光里，一个人很难获得完全的公平正义。如果人生以死亡作为终结，则人生的正义性无法呈现。第二，死亡是集体对个体的抛弃和背叛，如果人生以死亡作为终结，则人生最终以个体决绝集体为结束，如此，则死亡最终证明了个体的孤独，以及其与集体关系的虚假，从而会让个人怀疑社会责任和社会评价的意义，从而导致道德的崩溃。

所以，死亡以后仍然在延续的时间，实际上是死亡以后仍然在延续的个体与集体的关系。这种关系必须得到确保。而这种关系不会断裂而是持续延伸的论证，在大多数宗教那里，是通过“彼岸世界”的建立来实现的：上帝通过对此岸彼岸的统一管辖，打通生死的界限，让个体的“人生”在“人死”之后得以“永生”。上帝是一个通道，沟通生死，使死亡成为生存场景的转换。而在中国，则通过对个体德性的“不朽”承诺，以及在日常生活中对死去先人的持续祭祀——比如在家庭中设立神主牌位，使死者仍然活在家庭中，而不是被抛弃。中国文化中的祖先崇拜，与西方宗教传统中的上帝崇拜，形式大相径庭，而功能则一：使人生避免荒寒之感，而获得终极意义与温暖。

所以，祭祀，不是使死亡获得意义，而是使生命获得意义。不是安顿死者，而是安抚生者。

2.7　子曰武王周公

子曰："武王、周公，其达孝矣乎！夫孝者，善继人之志，善述人之事者也。春秋修其祖庙，陈其宗器[1]，设其裳衣[2]，荐其时食[3]。宗庙之礼，所以序昭穆也[4]；序爵[5]，所以辨贵贱也；序事[6]，所以辨贤也；旅酬下为上[7]，所以逮贱也[8]；燕毛[9]，所以序齿也[10]。践其位[11]，行其礼，奏其乐，敬其所尊，爱其所亲，事死如事生[12]，事亡如事存，孝之至也。郊社之礼[13]，所以事上帝也；宗庙之礼，所以祀乎其先也[14]。明乎郊社之礼、禘尝之义[15]，治国其如示诸掌乎[16]！"

［译文］

夫子说："武王和周公可以说是通达孝道的人了吧！

所谓孝，就是善于继承先人的志向，善于延续先人的事业。春、秋两季祭祀时，修整祖庙，陈列祭器，摆设祖先的衣裳，进献应时的食品。宗庙里举行祭礼，按照左右排列，是为了排序昭穆；按照爵位高低等级排列，为的是区别贵贱；按照职事大小排列，为的是区别人的贤愚；众人同饮时，位卑年幼的人向尊长敬酒，为的是把礼仪的恩荣施及位卑年幼的人；宴会时按须发的黑白程度定座次，是按照年龄的大小排列。登上祖先的天子之位，行祖先所制定的祭礼，演奏祖先所规定的祭乐，尊敬祖先所尊敬的人，亲爱祖先所亲爱的人，侍奉死去的祖先就像他还活着一样，侍奉不存在的祖先就像他还存在一样，这就是最高的孝道。祭祀天地的礼是用来侍奉上帝的；宗庙的礼是用来祭祀祖先的。明白了祭祀天地的礼、祭祀祖先的意义，治理国家大概同把国家放在手掌上一样简单了啊！”

[注释]

1 陈：陈列。宗器：祭器，宗庙里祭祀所用的器物。

2 设：铺列。裳衣：祖先遗留的衣服。

3 荐：进献。时食：四季应时的食品。

4 序：排列次序。昭穆：按周代宗法制度规定的宗庙次序，始祖居庙中央，始祖以下，父为昭，子为穆，孙又为昭，曾孙又为穆。昭排在左列，穆排在右列。参加祭祀的后代子孙也按昭穆次序排列。这种次序，也表现在墓冢的排列上。“夫祭有昭穆，昭穆者，所以别父子、远近、长幼、亲疏之序而无乱也。是故有事于大庙，则群昭群穆咸在而不失其伦。此之谓亲疏之杀也。”（《礼记·祭统》）

5 爵：爵位，公、侯、卿、大夫、士之爵位。朱熹：“爵，公、侯、卿、大夫也。”

6 事：职事，助祭之事。

7 旅酬：祭礼毕，宴请众宾客，宾客们互相敬酒酬答。旅：众人依次。酬：敬酒使饮。朱熹：“旅，众也。酬，导饮也。旅酬之礼，宾弟子、兄弟之子各举觯（zhì，酒器）于其长而众相酬。盖宗庙之中以有事为荣，故逮及贱者，使亦得以申其敬也。”祭祀时，主人先向来宾敬酒。旅酬时，弟弟先举杯向兄长敬酒，弟弟本属“下”，兄长属“上”。现在“下”以主人身份向“上”敬酒，因此叫作“下为上”。

8 逮：到，及。逮贱：指把礼仪之教贯彻到位卑年幼的人。这种礼仪的用意表示：祖宗的恩惠荣誉也施及下位的卑贱者。

9 燕：同“宴”，祭祀完毕后举行宴会。毛：须发，这里用作动词，指按须发的颜色即年龄而不是身份地位来排定座次。朱熹：“燕毛，祭毕而燕，则以毛发之色别长幼，为坐次也。”

10 齿：这里指年龄。

11 践：登上。其：指先王。

12 事：侍奉。

13 郊社：古代祭礼名。周代天子、诸侯冬至日祭天于南郊，称作“郊”；夏至日祭地于北郊，称为“社”。朱熹：“郊，祀天。社，祭地。”

14 先：祖先。

15 禘（dì）：古代祭礼名。《论语·八佾》：子曰：“禘自既灌而往者，吾不欲观之矣。”我在《论语导读》此条下注：一般认为，这是一种古代只有天子才可以举行的祭祀祖先的隆重典礼，疑不确。《礼记·王制》：“天子、诸侯宗庙之祭：春曰礿（yuè），夏曰禘，秋曰尝，冬曰烝（zhēng）……天子犆（tè）礿，祫（xiá）禘，祫尝，祫烝。诸侯礿则不禘，禘则不尝，尝则不烝，烝则不礿。”显然，诸侯也有禘祭之礼。但《礼记·大传》又曰：“礼：不王不禘。”似乎又在说只有天子才能举行禘祭之礼。不过，紧接着，又是这样的话：“王者禘其祖之所自出，以其祖配之。诸侯及其大祖。”语义上似乎诸侯还是可以以禘祭祭祀其太祖。《论语集释》此条下引《论语稽求篇》云：“禘祭有三，一是大禘，《大传》《丧服小记》所云‘礼：不王不禘……’……一是吉禘……一是时禘。”则除大禘之外，尚有两类禘祭，为诸侯所允为。鲁国所行，孔子所观，当为后两禘，否则，孔子当直接“不欲观”，无待“既灌而往”矣。

(《论语导读》修订增补版)尝：古代祭祀礼名。天子、诸侯四季都要在宗庙里祭祀祖先。秋祭叫“尝”。这里指四季祭祀之礼。

16 示：同“置”，放置。诸：“之于”的合音。《论语·八佾》：“或问禘之说。子曰：‘不知也。知其说者之于天下也，其如示诸斯乎！’指其掌。”

[导读]

为什么这一章讲“孝”？是承接上一章讲文王之“无忧”的。文王之“无忧”，依赖于他两个儿子武王、周公的“孝”，正是在后代的“孝”里，我们看到了生命的意义：一切德性，都有回报。人生是值得的。

“孝”，在这里被解释为“善继人之志，善述人之事”，继者，述者，承上启下也。这还是一个时间的意识。生命的本质是时间，只要时间没有终止，生命就没有终止。所以，文王的生命是靠着子孙的“继”“述”而流传不朽的。

本章后面讲述祭礼的细节，从中可以感受到古代祭礼的隆重气氛；感受到在祭祀中，后代通过对祖先的追怀，而济济一堂，而和睦融洽；感受到已经死去的祖先不但没有离开家族，事实上还是家族凝聚的原因，是一个家族的精神内核。在上一章（2.6）的导读里，我讲到：在西方，上帝是一个通道，祂沟通生死，使死亡成为生存场景的转换。而在这一章，在子思追思孔子的话里，我们又看到，在中国，祖先是一个场域，让所有子孙站到一起；祖先是一条脉络，使所有子孙济济一堂而又井井有条，等级分明而又和谐融洽，其乐融融；祖先也是一条时间之河，从远古流来，又载着子孙们的生命之舟，流向远方。

其实，不仅《中庸》叙述的周朝从古公亶父到武王、周公是一条时间之河，《中庸》文本的成书本身，也是一条时间之河：由祖父孔子到弟子曾参再到孙子子思。子思的所有追述，都让我们感受到人生的温暖，来自祖先的爱的温暖。当然，也有不易察觉的后代面对祖先的感恩、追思和忧伤。

2.8.1　哀公问政

哀公问政[1]。子曰："文、武之政，布在方策[2]。其人存[3]，则其政举；其人亡，则其政息[4]。人道敏政，地道敏树[5]。夫政也者，蒲卢也[6]。故为政在人[7]，取人以身[8]，修身以道[9]，修道以仁。仁者，人也[10]，亲亲为大；义者，宜也，尊贤为大。亲亲之杀[11]，尊贤之等，礼所生也。（在下位，不获乎上，民不可得而治矣[12]。）故君子不可以不修身。思修身，不可以不事亲；思事亲，不可以不知人；思知人，不可以不知天[13]。"

[译文]

鲁哀公请教政事。夫子说："文王、武王的治国之道，记载在典籍里。明君贤人在位，文武之道就能得到实施；明君贤人没有了，文武之道就会消亡。人间有道政事易行，土地有道种植易为。所以政治啊，就像蒲苇一样（你努力耕耘它就茂盛生长）。所以治理国家的关键在于得到贤人，得到贤人取决于君王自身的修养，君主修养自身的关键在于把握中道，把握中道的要诀在于内心有仁。仁，就是人性中的仁爱，爱自己的亲族为大；义，就是适宜妥当，以尊隆贤人为大。爱惜亲族要有差别，尊隆贤人要分等次，礼就这么产生了。所以君子不能不修身。想要修身，不可以不侍奉父母；想要侍奉父母，不能不了解人；想要了解人，不能不知道天命。”

［注释］

1 哀公：指鲁哀公，春秋末期鲁国国君，姓姬，名蒋（前521—前468）。鲁国第26任国君（前494—前468在位）。

2 布：散布，流传，这里有记载的意思。方策：典籍。我国古代用来在上面写字的木板叫“方”，也叫“版”；竹片叫“简”，把竹简编起来叫“策”。

3 其人：那种人，指能按周礼办事的明君贤人。

4 举：施行。息：消亡。

5 人道敏政，地道敏树：朱熹注：“以人立政，犹以地种树，其成速矣。”意为“人道敏于政，地道敏于树”，敏，敏于，有助于，易行之意。王夫之《四书训义》卷四《中庸》二："盖政之所以必待人而举者，以人有人之道：所以奋发于积弊之后者，有其道勇；所以主持其必行之力者，有其道仁；所以悉达其条理之繁者，有其道智；所以主持于中而为建诸事之本者，有其道诚；斯道也，以之行政而无难行者，举之而速举矣，'敏政'者也；犹之地之有道以培其根，以滋其生，以之生物而树无有不速荣者，'敏树'者也。况乎文武之政，合乎人心，尽乎时宜，尤其易敏者，殆犹夫蒲芦之易生者乎！"二句意为：人因有道（勇、仁、智、诚等）政易行；地因有道树易植。译文从王夫之。

6 蒲卢：郑注认为是蜾蠃（土蜂，细腰蜂）。蜾蠃把螟蛉（一种绿色小虫）捉到窝内，用毒针在它身上一螫，使它处于不死不活的麻痹状态，以备幼蜂做食料。古人误认为蜾蠃是养螟蛉为子，故用"螟蛉之子"喻养子（义子）。《诗经·小雅·小宛》有"螟蛉有子，蜾蠃负之"之句。郑注"夫政也者，蒲卢也"："蒲卢，蜾蠃，谓土蜂也。《诗》曰：'螟蛉有子，蜾蠃负之。'螟蛉，桑虫也，蒲卢取桑虫之子去而变化之，以成为己子，政之于百姓，若蒲卢之于桑虫然。"而朱熹取沈括《梦溪笔谈》说，认为蒲卢即是蒲苇："以人立政，犹以地种树，其成速矣，而蒲苇又易生之物，其成尤速也。言人存政举，其易如此。"郑玄、朱熹，二说俱可通，译文从朱熹。

7 为政在人：为政在于得人。朱熹："《家语》作'为政在于得人'，语意尤备。”人，指贤良之人。

8 取人以身：身，君主自身修养。君主自身修养好才能得到真正贤良之人，君主身修而后才有人追随。

9 修身以道：以道修身。道，指中道，即中庸之道。

10 仁者，人也：人，指人之为人的基本人性，即孟子所谓“恻隐之心，羞恶之心、辞让之心、是非之心”之人之善性。朱熹：“人，指人身而言。具此生理，自然便有恻怛慈爱之意，深体味之可见。”

11 杀：杀减，差别的意思。“亲亲之杀”与“尊贤之等”相提并论，“杀”就是“等”，等级，等差。

12 原文这两句在2.8.4重出，以文意语脉看，以在下文为是，这里是误重，故此处不译。

13 天：天命。《论语·尧曰》：“孔子曰：'不知命，无以为君子也。'”

[导读]

在上两章（2.6和2.7）我讲到两个概念，“通道”和“场域”：西方的“上帝”和中国的“祖先”。此章，则孔子告诉我们：还有一个“通道”与“场域”——贤人。正是他们承载着历史的文明和古代的价值，使之重现于今日世界，他们打通了古今，使落满尘土的治国方策，成为现实世界的法则，维系世界的正义。所以，孔子告诫我们：“为政在人”——为政在于得人，这个人，不是一般泛泛之人，而是贤人，他们在位不在位，直接决定了古老价值是否得以坚持，社会正义之是否得以维护，于是，我们记住了一个成语：人存政举，人亡政息。

很多人讲到儒家的用人观，都说儒家是“任人唯亲”，这是一个误解。儒家的伦理观，立足于“亲亲”，而儒家的用人观，则是在“家天下”必然“亲亲”的前提下，尊隆贤人。强调“因不失其亲”（《论语·学而》有子语）的儒家当然不会“任人唯贤”，但也向往和追求“天下为公，选贤与能，讲信修睦。故人不独亲其亲，不独子其子”（《礼记·礼运》）。也主张和要求统治者“尊贤使能，俊杰在位”（《孟子·公孙丑上》）。

2.8.2 天下之达道五

天下之达道五[1]，所以行之者三。曰君臣也，父子也，夫妇也，昆弟也[2]，朋友之交也。五者天下之达道也。

知、仁、勇三者[3]，天下之达德也[4]，所以行之者一也[5]。或生而知之，或学而知之，或困而知之[6]，及其知之，一也。或安而行之，或利而行之[7]，或勉强而行之，及其成功，一也。

子曰："好学近乎知，力行近乎仁，知耻近乎勇。"知斯三者，则知所以修身；知所以修身，则知所以治人；知所以治人，则知所以治天下国家矣。

[译文]

天下通行的大道有五种，它靠三种美德来实行。五种大道叫：君臣，父子，夫妻，兄弟，朋友交往。这五者，是天下通行的大道。

智、仁、勇这三者，是天下人所共有的美德，是用来实施五种大道的。有的人生来就知道，有的人通过学习才知道，有的人遇到困难然后通过学习才知道，等到他们知道时，就是一样的了。有的人安于大道而实行之，有的人是获利于大道而实行之，有的人是被勉励强迫而实行之，到他们成功时，就是一样的了。

夫子说："好学近乎知，力行近乎仁，知耻近乎勇。"知道这三者，就知道了如何修身；知道如何修身，就知道了如何治理百姓；知道如何治理百姓，就知道如何治理天下国家了。

[注释]

1 达道：古今通行之道。

2 昆弟：兄弟。但这里所指更广，包括宗族中同辈之人。

3 知：同"智"。

4 达德：人所共有之德。

5 一也：此"一"，王引之认为是衍文："'天下之达道五，所以行之三。曰君臣也，父子也，夫妇也，昆弟也，朋友之交也，五者天下之达道也。知仁勇三者，天下之达德也，所以行之者一也。'《正义》曰：'所以行之者一也，言百王以来，行此五道三德，其义一也。'家大人曰：一字，衍文也。五道是所行者，三德是所以行五道者。'五者天下之达道也'，即所谓'天下之达道五也'；'三者天下之达德也，所以行之者也'，即所谓'所以行之者三'也。文义上下相应，不当有'一'字，此因下文'所以行之者一也'而误衍耳。"并接着引《史记》《汉书》为佐证，《史记·平津侯传》："智仁勇，此三者，天下之通德，所以行之者也。"《汉书·公孙传》："仁知勇三者，所以行之者也。"且解释《家语》文字曰："《家语·哀公问政》篇'智仁勇三者，天下之达德，所以行之者一也'，'一'字亦后人据误本《礼记》加之也。"（《经义述闻》卷十六）王引之所论妥当有据，且上下文义逻辑通达，当从。

6 或生而知之，或学而知之，或困而知之：《论语·季氏》："子曰：'生而知之者，上也；学而知之者，次也；困而学之，又其次也；困而不学，民斯为下矣。'"

7 或安而行之，或利而行之：《论语·里仁》："仁者安仁，知者利仁。"

［导读］

“五达道”是“道”，因为人际关系的五大类——君臣关系、父子关系、夫妻关系、兄弟关系、朋友关系是基本人伦，人所必行，人所共行，故曰“达”。达者，通行于天下人也。而“三达德”——仁、智、勇是“德”，是个体拥有的品性。因为是人所自有，人所共有，故亦曰“达”。达者，共存于天下人也。

“道”与“德”什么关系？天以道属人，人以德载道；天以道导人，人以德行道。道者，导也；德者，得也。道须行方为道，德得导才有德。“天下之达德也，所以行之者也”，以德行道、弘道也。人生在世，其天命就是行道、弘道，故孔子曰“人能弘道，非道弘人”也，其意若曰：人行道，非道行人也。故人须“好学”“力行”“知耻”，如此，就有了知、仁、勇。孔子这是强调人的道德主体性。对人的主体性建设和尊崇，是儒家文化的鲜明特征，这与我们常常误以为的“犬儒”以及“奴才”文化，大相径庭。

人有责任对自己的良心负责，对自己的行为负责。知者，是非之心，知是非；仁者，恻隐之心，行仁义；勇者，威武不屈、富贵不淫、贫贱不移，不为外力强迫而行不义，更不以外在原因推卸自己的道德责任，不行“极端之恶”，也不因“极端之恶”的胁迫而甘为“平庸之恶”。万不得已之时，作为道德主体的人，也要有“枪口抬高一厘米”的道德自觉和良心责任感。孟子为什么说大丈夫必须有富贵不淫、贫贱不移和威武不屈的精神？因为，这三个“不”，就是人的道德主体性的呈现。

2.8.3 凡为天下国家有九经

凡为天下国家有九经[1]，曰：修身也，尊贤也，亲亲也，敬大臣也，体群臣也，子庶民也，来百工也，柔远人也，怀诸侯也[2]。

修身则道立[3]，尊贤则不惑[4]，亲亲则诸父昆弟不怨[5]，敬大臣则不眩[6]，体群臣则士之报礼重[7]，子庶民则百姓劝[8]，来百工则财用足，柔远人则四方归之，怀诸侯则天下畏之[9]。

齐明盛服[10]，非礼不动，所以修身也。去谗远色[11]，贱货而贵德[12]，所以劝贤也。尊其位，重其禄，同其好恶[13]，所以劝亲亲也。官盛任使[14]，所以劝大臣也。忠信重禄[15]，所以劝士也。时使薄敛[16]，所以劝百姓也。日省月试，既禀称事[17]，所以劝百工也。送往迎来，嘉

善而矜不能[18]，所以柔远人也。继绝世[19]，举废国[20]，治乱持危[21]，朝聘以时[22]，厚往而薄来[23]，所以怀诸侯也。

凡为天下国家有九经，所以行之者一也[24]。

[译文]

总括起来治理天下国家有九经，分别是：修身，尊贤，亲亲，敬大臣，体恤众臣，子爱百姓，招徕百工，怀柔远人，安抚诸侯。

修身就能立道于身，尊贤就能不为小人所惑，亲亲则伯叔兄弟没有怨恨，敬大臣就不会迷乱方向，体恤群臣士就会忠诚以报，子爱百姓他们就会努力做事，招徕工匠就能财用充足，怀柔远人四方就会归顺，安抚诸侯天下就会敬服。

祭祀前斋戒沐浴衣冠堂皇，非礼不动，这是修身的方法。斥逐谗佞远离女色，轻视财货而注重道德，这是劝勉贤人的方法。尊重他们的爵位，维护他们的俸禄，赏罚一视同仁，这是劝勉大臣亲爱亲族的方法。安排很多的属臣供其任用使唤，这是劝勉大臣的方法。忠信以待增加俸禄，这是劝勉士的方法。使之以时，减轻赋敛，这是劝勉老百姓的方法。经常检查考核，按工作情况给予赏赐，这是劝勉各种工匠的方法。送往迎来，嘉奖好的怜悯无能的，这是优待远人的方法。延续断绝了世袭地位的贵族家族，复兴灭亡了的国家，平定祸乱，扶持危局，朝聘按时举办，多给而少收，这是劝勉诸侯的方法。

总括起来治理天下国家有九经，而用来实行它们的道理只有一个（就是德）。

［注释］

1 为：管理，经营。经：常也（朱熹），原则、纲领、要义。

2 敬：敬重。体：体贴，体恤。子：动词，爱护。来：同“徕”，招徕。柔：优待，笼络。怀：安抚。

朱熹：“体，谓设以身处其地而察其心也。子，如父母之爱其子也。柔远人，所谓无忘宾旅者也。此列九经之目也。吕氏曰：‘天下国家之本在身，故修身为九经之本。然必亲师取友，然后修身之道进，故尊贤次之。道之所进，莫先其家，故亲亲次之。由家以及朝廷，故敬大臣、体群臣次之。由朝廷以及其国，故子庶民、来百工次之。由其国以及天下，故柔远人、怀诸侯次之。此九经之序也。’视群臣犹吾四体，视百姓犹吾子，此视臣视民之别也。”

张振渊曰：“大臣近而易亵，故言‘敬’；群臣卑而易疏，故言‘体’；求其所欲，若或伤之，曰‘子’；以道而招集之，曰‘来’；顺而不拂，曰‘柔’；护而不伤，曰‘怀’。”（《四书说统》卷三《中庸》）

3 修身则道立：修身则道立于身，以身载道，以身作则，天下从之。

4 尊贤则不惑：尊贤亲贤则邪佞远避，不为所惑，其亦无由惑乱天下。

5 诸父：伯父、叔父的合称。昆弟：宗族中同辈兄弟。

6 眩：迷惑，糊涂。朱熹："不眩，谓不迷于事。"大臣股肱，天下事有以分任，则君主不必忙乱于具体事务而在大方向上迷惑。

7 报礼：报之以礼。"君使臣以礼，臣事君以忠。"（《论语·八佾》）体贴群臣，则臣尽忠以报君礼也。报礼重，犹孟子所谓："君之视臣如手足，则臣视君如腹心。"（《孟子·离娄下》）

8 百姓：春秋以前，只有贵族才有姓，战国以后，百姓就逐渐成为一般民众的统称。劝：勉励，这里是受到勉励的意思。

9 畏：敬服，畏服。

10 齐（zhāi）：同"斋"，斋戒。明：洁净。盛服：整齐堂皇的礼服。

11 去谗远色：斥逐谗佞，远离女色。

12 贱货贵德：贱待财货而尊隆贤德之人。

13 尊其位，重其禄：同姓公族之中，作为贵族，有其禄位，须予以尊重维护。同其好恶：一说与亲族好恶相同，此说逻辑有问题，为君者，好恶当与天下同，而公族又哪里另有奇葩不同人之好恶，必欲其君同之？一说君主对亲族诸人的“好恶”之情应该相同，不偏不倚尺度一致，则“好”乃庆赏，“恶”谓诛罚，庆赏诛罚，一视同仁。此说妥当。

14 官盛任使：使大臣们属官众多，足够任用使唤。朱熹：“谓官属众盛，足任使令也，盖大臣不当亲细事，故所以优之者如此。”刘沅曰：“大臣既为群僚之首，而复使勤劳不遑，则体统亵而权不专。故必盛其官属，足任使令，俾养其尊优之体，而凡事得以总其大纲、课其成败，所以劝大臣也。”（《中庸恒解》）

15 忠信重禄：朱熹：“忠信重禄，谓待之诚而养之厚，盖以身体之，而知其所赖乎上者如此也。”盖士无国无家无邑金，唯禄位可依以生活，故对待其俸禄，不可朝三暮四，时有时无时多时少，使其患得患失，而气质猥琐。当一依成法，使有所依赖保障而有恒心为善。

16 时使：使之以时。薄敛：减轻赋敛。

17 省：检查，察看。试：考核。日省月试：经常检查考核。既（xì）：通“饩”，赐赏牲口。禀（lǐn）：赐给谷物。称事：符合其所做之事。刘沅《中庸恒解》：“至于百工，各有勤惰工拙，失之宽、失之严，皆非中道。日有省焉，月有试焉，勤惰、工拙不能隐矣。既禀所加，必称其事，能者勉、怠者奋，所以劝百工也。”

18 嘉：奖赏。矜：怜悯，同情。

19 继：延续，接续。绝世：断绝了世袭地位的贵族世家。

20 举：举起，这里是恢复的意思。废国：已经灭亡了的诸侯国家。

21 治乱持危：平定祸乱，扶持危局。

22 朝：诸侯直接带着礼物去见天子。聘：诸侯派卿大夫去天子处进贡。按《礼记·王制》："诸侯之于天子也，比年（每年）一小聘，三年一大聘，五年一朝。"朝聘以时：严格按照周礼规定的时间行"朝聘"之礼，不烦琐其朝聘频率，以安逸诸侯。

23 厚往而薄来：往厚而来薄。给诸侯的多，收诸侯的少。

24 一：既可指上文的"德"（三达德），也可指下文所说的"诚"。朱熹："一者，诚也。一有不诚，则是九者皆为虚文矣，此九经之实也。"

［导读］

"九经"与"五达道"都属于"道"。身之所当有，谓之德；身之所当行，谓之道。与万物共者，道也；体现于个体者，德也。道、德一体而二形也。

《大学》有"八目"（格物、致知、诚意、正心、修身、齐家、治国、平天下),《中庸》有“九经”(修身、尊贤、亲亲、敬大臣、体群臣、子庶民、来百工、柔远人、怀诸侯)。《中庸》的“九经”,是《大学》“八目”里最后一目“平天下”之要领,也是“八目”中“修身、齐家、治国、平天下”四目的着力点,是“外王”的路径,所以,“九经”是“道”,是“王道”。“八目”是从“内圣”说到“外王”;“九经”直接以修身为起点,重在“外王”,比起“八目”中的外王具体而微。

此小节分四个层次。

第一层明九经的名称。朱熹曰:“此列九经之目也。”

第二层讲依“九经”去做,可以实现的九个目标:道立、不惑、诸父昆弟不怨、不眩、士之报礼重、百姓劝、财用足、四方归之、天下畏之。朱熹说:“此言九经之效也。”

第三层讲如何践行“九经”,从如何修身(齐明盛服,非礼不动)一直讲到“怀诸侯”,虽然细致,却是纲要;虽是纲要,却落在实处,几乎是从操作性上来讲的。

第四层就一句话,和本章第一句完全重复,这是首尾呼应,也是承上启下。最后点出一个“一”字,这个“一”,既远绍上文的“德”(三达德),也引出下文的“诚”。“凡为天下国家有九经,所以行之者一也”之“一”,既是德,也是诚,朱熹说“一者,诚也”,诚就是德。

2.8.4　凡事豫则立

凡事豫则立[1]，不豫则废。言前定则不跲[2]，事前定则不困，行前定则不疚[3]，道前定则不穷。

在下位不获乎上[4]，民不可得而治矣。获乎上有道：不信乎朋友，不获乎上矣。信乎朋友有道：不顺乎亲，不信乎朋友矣。顺乎亲有道：反诸身不诚，不顺乎亲矣。诚身有道：不明乎善，不诚乎身矣[5]。

诚者[6]，天之道也；诚之者[7]，人之道也。

诚者，不勉而中[8]，不思而得，从容中道，圣人也。诚之者，择善而固执之者也。

博学之，审问之，慎思之，明辨之，笃行之[9]。有弗学[10]，学之弗能弗措也[11]；有弗问，问之弗知弗措也；有弗思，思之弗得弗措也；有弗辨，辨之弗明弗措

也；有弗行，行之弗笃弗措也。人一能之，己百之；人十能之，己千之。果能此道矣，虽愚必明，虽柔必强。

[译文]

凡事有预备就能成功，没有预备就会失败。说话预先想好就不会失言，做事预先计划好就不会被困，行动预先思谋好就不会后悔，路径预先设定好就不会走入绝境。

身处下位若得不到君上的信任，就不能得到治理民众的机会。得到君上的信任有方法：不被朋友信任，就不能得到君上的信任了。得到朋友的信任有方法：不孝顺父母，就不能得到朋友的信任了。孝顺父母有方法：自身做不到真诚，就不能孝顺父母了。使自己真诚有方法：不了解什么是善德，就不能使自己真诚了。

诚，是天之道；努力使自己诚，是人之道。

具有了诚的境界的人，不用费力就能符合中庸，不用思虑就能得到中庸，自然而然就能符合中庸之道，这是圣人。努力求诚的人，就是选择善德坚定执守它的人。

广泛地学习，详细地求教，慎重地思考，明晰地分辨，踏实地实行。可能曾经不学，学了没学会就不要停止；可能曾经不问，问了没知晓就不要停止；可能曾经不思考，思考了没得到结果就不要停止；可能曾经不分辨，分辨了没分辨清楚就不要停止；可能曾经不实行，实行了没踏实坚定就不要停止。别人一次就能会的，自己就一百次；别人十次就能会的，自己就一千次。如果按照这个方法去做了，即使愚笨也必会变得聪明，即使软弱也定会变得坚强。

［注释］

1 豫：预先有准备。《说文解字》："豫，象之大者。"段玉裁注："此豫之本义，故其字从象也。引伸之凡大皆称豫……大必宽裕。故先事而备谓之豫，宽裕之意也。宽大则乐。故《释诂》曰'豫，乐也'……贾侍中（逵）说'不害于物'……侍中说豫象虽大而不害于物，故宽大舒缓之义取此字。从象。""故先事而备谓之豫"，即下文"前定"之意。

2 跲（jiá）：《说文》"踬也"，绊倒。这里指失言。

3 疚：对于自己的错误内心感到惭愧后悔。

4 获：获得，这里指获得信任。上：指在上位的君王和大臣。

5 诚：此指孝敬父母之心真实无妄。诚身为行道，明善为知道。诚身是目的，知善是前提。

6 诚者：紧接着的下文还有一个"诚者"。两个"诚者"，意思不同。第一个"诚者"，指"诚"这个概念，义指真实无妄，纯粹不二之境界；第二个"诚者"，指"具有了诚的境界的人"。陶起庠曰："上'诚者'，以赋畀（bì，给予）之理言；下'诚者'，以成德之人言。"（《四书集说·中庸卷三》）另，《中庸》中“诚者”都有这两义：作为诚这个概念和作为诚的人。下文3.4章与之同。

7 诚之者：亦有两处，前者指求诚之事，后者指求诚之人。前者意为使之达到诚的状态。朱熹：“诚者，真实无妄之谓，天理之本然也。诚之者，未能真实无妄，而欲其真实无妄之谓，人事之当然也。”

8 勉：勉力，勉强，费力。中：符合。下文“从容中道”的“中”与之同。朱熹：“圣人之德，浑然天理，真实无妄，不待思勉而从容中道，则亦天之道也。未至于圣，则不能无人欲之私，而其为德不能皆实。故未能不思而得，则必择善，然后可以明善；未能不勉而中，则必固执，然后可以诚身，此则所谓人之道也。”

9 此处博学、审问、慎思、明辨、笃行都指普通人通达“道”的方法。朱熹：“此诚之之目也。”《朱柏庐先生中庸讲义》：“此节当把五‘之’字作一层看；‘学’‘问’‘思’‘辨’‘行’作一层看，‘博’‘审’‘慎’‘明’‘笃’作一层看。五‘之’字俱指‘善’，言只一善也，又学又问又思又辨又行，而且学务博也，问务审也，思务慎也，辨务明也，行务笃也。”程子曰：“五者废其一，非学也。”

10 弗：不。此下“有弗学”至“有弗行”五个有字句，一般理解为让步状语从句，翻译为“除非不学”等，如朱熹：“君子之学，不为则已，为则必要其成，故常百倍其功。”但此类修身辨惑修慝之“君子之学”，岂能置之度外，不为不学不思不问不辨不行？疑当为假设句，“有时弗学”，可能曾经荒疏不学之意。也就是说，如此有关生命的学问，不能“让步”不学，只能“假设”不学。

11 措：放下，停止。

[导读]

本章的关键词是“前定”，或者叫“豫”，豫就是预。“预先”就是做事的先决条件，所以叫“前定”。这个“前”，就是前提，是逻辑在先的东西。

这一章分五小节。

第一节讲逻辑，给出一个下文论点的前提：“凡事豫则立，不豫则废”，凡事都有一个逻辑前提。然后用四个排比句来给予说明：“言前定则不跲，事前定则不困，行前定则不疚，道前定则不穷。”这是诉诸人们的经验，同时也合乎事实。

有了这个结论做前提，第二节就讲一个人获得机会先要获得上位人的赏识和信任，然后就此展开层层剥卸式的论证：

民得而治——获乎上——信乎朋友——顺乎亲——反诸身诚——明乎善。

明善则诚身，诚身则顺亲，顺亲则信乎友，信乎友则获乎上，获乎上则民可得而治矣。

最后落脚在“诚乎身”。而这，就是人生的一切成功、成仁、成人的“豫”“前定”！

于是进入第三节，讲人与天的关系：天道诚，人道求诚。这实际上还是在讲“道”与“德”的关系。不得道者，无善德。所以，人的使命，人生的意义，就是求诚，诚之。

第四节讲如何获得诚。在此，作者先在理论上预设了一种已然获得“诚”的人，这就是本章的第二个“诚者”。本章有两个“诚者”，第一个“诚者”，在第三节，是指天道。这一节出现的是第二个“诚者”，指圣人。因为圣人德配于天，德与天齐，所以，他也是天然的“诚者”。

之所以要有“天然的诚者——圣人”这样的理论悬设，乃是为“圣人”在世间开辟一个立足之地，一个圣坛，从而为俗人树立一个看得见的榜样。值得注意的是，在做了这样的预设之后，本章的第二个“诚之者”出现了。第三节中的第一个“诚之者”，只是一个字面现象，实际上只是“诚之”，那个“者”字，实际上是和后面的“也”字构成一个“……者……也”句式，表示判断。“诚之”的意思，是“追求诚”。那么，这一节中的“诚之者”，就是指“追求诚的人”。这样的人，已经把“圣人”排除在外，因为圣人与诚合二为一，已经“不勉而中，不思而得，从容中道”，那么需要追求诚才能得到诚获得德的人，当然就是普通人、一般人、大众之人。

一般人如何获得诚？作者给出的原则是“择善而固执之”，这是呼应第二节最后的“不明乎善，不诚乎身”。

接下来就进入了本章的第五节，讲“择善而固执之”的纲目：博学、审问、慎思、明辨、笃行。这五者，要学且要博学，要问且要审问，要思且须慎思，要辨且要辨明，要行且要笃行，缺一不可。前面四个要点，可以不作次序看，但最后的笃行，却是最终归结，荀子言：“学至于行之而止矣。”（《荀子·儒效》）

而要做到这五点，还得需要毅力与坚持，所以下文又说到“弗能弗措、弗知弗措、弗得弗措、弗明弗措、弗笃弗措”，这是落实上文的“固执”，而“人一能之，己百之；人十能之，己千之”则显示出曾子之儒的祖传风格。（参阅拙作《孔子如来》之《艰苦以求卓绝》）

值得提示的是，这里的“在下位，不获乎上，民不可得而治”，其实可以有更宽泛的理解。“民不可得而治也”，做官治民，只是人生之一种。其实世间的一切成就，都需要提携帮助。这里的“上”，不一定非得是行政或地位上的上级，也不一定仅指德行学问在自己之上的人，而可以理解为所有愿意信任你，给你机会、资源和帮助的人。如此，则这句话告诉我们：人生在世，获得他人的信任，获得尽可能多的人的信任，是获得机会最主要的方法。质言之，人生的绝大多数机会，都是别人给你的，不是你去抢来的。而别人之所以会给你机会，乃是你预先获得他人的信任——凡事豫则立，不豫则废，从这样的角度去理解，会有更加广泛的意义。

朱熹总结此篇：“右第二十章。此引孔子之言，以继大舜、文、武、周公之绪，明其所传之一致，举而措之，亦犹是耳。盖包费隐、兼小大，以终十二章之意。章内语诚始详，而所谓诚者，实此篇之枢纽也。”

第三篇

3.0（总纲三）[1]　自诚明

自诚明，谓之性；自明诚，谓之教[2]。诚则明矣，明则诚矣。

［译文］

因由诚而明了善道，是本性自具的开悟能力和途径；因由明白善道而达至于诚，是教化给予的开示和训练。内心诚就能明了善道了，明了善道也就能达至诚了。

［注释］

1 朱熹曰："右第二十一章。子思承上章夫子天道、人道之意而立言也。自此以下十二章，皆子思之言，以反复推明此章之意。"我们总之为第三篇。

2 自：两个“自”，郑注将其解释为“由”，朱熹从之。明：明了，明了大道。诚，主要指情感纯粹，精一不二，一往情深，一心一意，不偏不倚，不离正道。明，主要指智慧明澈，心智澄明，彻上彻下，彻头彻尾，彻里彻外，无精粗本末，无不明照清晰。关于诚与明之关系，朱熹注：“德无不实而明无不照者，圣人之德。所性而有者也，天道也。先明乎善，而后能实其善者，贤人之学。由教而入者也，人道也。诚则无不明矣，明则可以至于诚矣。”性，即“天命之谓性”之“性”；教，即“修道之谓教”之“教”。

［导读］

“诚”是《中庸》的核心概念，处于贯穿全文的枢纽地位。它既指天道的纯粹与仁厚，也指人心的真实与恻怛。“天地之大德曰生”(《易・系辞下》)，此诚，就是这种生的力量。这种力量渊深沉厚，不杂不灭，“天行健，君子以自强不息；地势坤，君子以厚德载物”。而且，它甚至属于情感范畴而不是智慧，是价值而不是知识。诚是真诚的态度，诚是向善的趋向，诚是爱恨的抉择，诚是美丑的趋避。把如此重要的哲学概念归属于情感认同而不是理智认知，大概是中国文化与西方文化的巨大差异之一吧。

张载讲“为天地立心”，立的就是这种天地的仁心，这个“心”，就是“道”，“道”就是天地之“诚”。把概括天地万物规律的“道”理解为充盈着人类慈悲感情的“心”，中国文化确实更注重情感“认同”而不是理性“认知”。张载讲“为生民立命”之“命”，就是人之“性命”，就是“德”，“德”就是性，就是“自诚明”。人类得天地之元气而生，因天道而成人德，所以，人中圣人，也是天生的“诚者”，其对天道的诚，是“不勉而中，不思而得，从容中道”的，故而成为人类的楷模。但一般之人，“诚之者”，向慕天道，则需要有一个“择善而固执之”的信念，博学之、审问之、慎思之、明辨之、笃行之，弗得弗措，而后可以道、德合一。

所以，诚就其本质来说，是人性中自有之德性，只是被遮蔽了，如日在云中，有是自有，只是被遮蔽不见，故需拨云见日。且也只需拨云见日，而并非另安一个日——“诚之”的意思，是“拨云”，而非“安日”。日本“自在”，需要我们“自得”。而一旦拨云见日，则日在中天水在瓶，人性人格就自有一种清爽，自有一种高格，自有一种独立自在，自有一种格调境界。所以，诚是人类的高贵情感和高尚境界，也是人生因“自得”而感知“自在”的状态。其体现在日常生活中，为人处世中，则是一个人内心的仁厚恻隐、真诚恻怛、诚信无欺、忠恕笃厚。举凡《中庸》中“戒慎”“慎独”“恐惧”“尊德性”等，都是“诚”在日常行为举止中的体现。

朱熹《中庸章句》：“达道者，天下古今所共由之路，即

《书》所谓五典，孟子所谓‘父子有亲、君臣有义、夫妇有别、长幼有序、朋友有信’是也。知，所以知此也；仁，所以体此也；勇，所以强此也，谓之达德者，天下古今所同得之理也，一则诚而已矣。达道虽人所共由，然无是三德，则无以行之；达德虽人所同得，然一有不诚，则人欲间之，而德非其德矣。程子曰：‘所谓诚者，止是诚实此三者。三者之外，更别无诚。’”虽然朱熹此处解释“知、仁、勇三者，天下之达德也，所以行之者一也”有问题（详见 2.8.2 注释 5），但他说“三达德”是“诚”，并引程颐的话，“所谓诚者，止是诚实此三者。三者之外，更别无诚”，则是精当之论。

3.1　唯天下至诚

唯天下至诚，为能尽其性[1]；能尽其性，则能尽人之性[2]；能尽人之性，则能尽物之性；能尽物之性，则可以赞天地之化育[3]；可以赞天地之化育，则可以与天地参矣[4]。

［译文］

只有天下至诚的人，才能把天命赋予的善性完全发育发挥；能完全发育发挥自己的善性，就能完全培育发挥他人的善性；能完全培育发挥他人的善性，就能完全发育发挥万物的天性；能完全发育发挥万物的天性，就可以参赞天地的化育功能；可以参赞天地化育万物，就可以参与天地而与其并列为三了。

［注释］

1 尽：性之本体充分发育，性之功能充分发挥。其：指至诚者自己。

2 人：他人，别人，天下人。“尽其性”与“尽人之性”，如同《大学》之“明明德”与“新民”。

3 赞：参赞，参与。

4 与：参与，此处不是表示并列的连词，而是表示参与其中的动词。参：同“叁”，指圣人和天地并列为三，但不直言“三”而言“参”，有参赞之意，主动参与而非被动列入。天地化育，无人之参赞不可，无人参赞，天地甚至不具备完整的化育功能——老子说“天地不仁”，天地而仁，则是“人”对天地的唤醒。

［导读］

读本章，关键是抓住三个问题。

第一，尽其性与尽人之性。人性能否得到充分、自由、全面的发展，是现代哲学讨论政治、制度、文化的基本话题，是政治、制度、文化是否合理的基本指标。参照“唯天下至诚，为能尽其性”的句式，我们可以说：唯天下好制度，为能尽人之性；唯能尽人之性，方为好的制度。《中庸》中的“尽其性”，可以在这样的意义上，来做一个现代观照。只是有意思的是，《中庸》设定的人性充分自由全面发展的条件，不是政治制度等外在条件，而是主体是否具有“至诚”的道德情感品质。从人性发展的内在动力和必要条件的角度讲，“唯天下至诚，为能尽其性”这样的判断，不仅成立，而且极其重要，因为，无论在什么时代什么制度下，人性的发展都有赖于人自身的自由意志是否充分具备。“诚”，实际上，不仅需要理解为主体的强烈的道德自觉，甚至还必须理解为主体的自由意志或意志自由。我们看到，即使在现代远超古代的自由制度下，也仍然有太多的人缺乏道德自觉，甚至丧失自由意志。现代的生产方式、生活方式、社会制度，实际上造成了更多的人性扭曲，而没有迎来人性的舒张。

简言之，尽其性，是人类自身发展的崇高目标。尽人之性，则不仅是“尽其性”逻辑之后的后续行为，更是“尽其性”的必要条件。盖“尽人之性”的道德自觉与同类担当，本来就是圣贤人格的基本特征。“为生民立命”，就是“尽人之性”，也是“尽其性”自我完成的不可或缺的环节，“尽人之性”的情怀，是“尽其性”——自身人性充盈丰厚必不可少的内涵。所以，“能尽其性”云云，不能理解为过去或未来完成时，而应理解为一种愿力，意思相当于：能决心尽其性，愿努力尽其性。

第二，什么是“赞天地之化育”？《中庸》给出的逻辑前提是：“能尽物之性。”如果说“尽人之性”是“为生民立命”，则“尽物之性”就是“为天地立心”。“为天地立心”了，当然就是“赞天地之化育”。这一句的关键是“赞”，这个“赞”，是赞助、襄助为之出力，还是只是“参赞”，顺应自然无为而治？程颢、程颐认为是“参赞”的顺应，朱熹认为是“赞助”的助力。应该说，这两种观点都有其逻辑合理性，都能丰富对《中庸》的理解。

清儒杨开沅有一个“天人一体”的比喻，非常好地说明了顺应自然的“参赞”说：“参赞者是同体中事。如人一身，目视耳听，手持足行，不可谓耳有助于目，足有助于手。”（《宋元学案》卷十三《明道学案上》）耳目手足各有性能、各司其职，互不相代相助却又互相配合、相互协调，故“赞天地之化育”，就是人不违天命，尽己之性，尽人之性，尽物之性，而自然顺应天道。

朱熹批评二程的“参赞”说，“程先生言：‘参赞之义，非谓赞助。’此说非是”（《朱子语类》卷六十四）。有意思的是，他也用了比喻来说明。他说：“‘赞天地之化育’，人在天地中间，虽只是一理，然天人所为，各自有分。人做得底，却有天做不得底。如天能生物，而耕种必用人；水能润物，而灌溉必用人；火能熯物，而薪爨必用人。裁成辅相，须是人做，非赞助而何？”（《朱子语类》卷六十四）显然，朱熹认为，就主体言，人类有其主动性、创造性；就功能言，人类有不可替代性。故人类在天地之间，必以其道德自觉，作出自身的贡献。比如教室里的课桌，天地给了一个桌子的“道”，但还得要人根据这个“道”把桌子做出来。院子里生长的瓜果，天地给了各类瓜果一个生长的理，使人可以种瓜得瓜种豆得豆，但是，这个“种”还得借助人力。就此而言，朱熹的“赞助”说，更能体现人类的崇高，凸显人自身的道德自觉与道德追求。于是，就有了最后一句，也是我们要特别说明的第三点——“与天地参（叁）”。

第三，“与天地参（叁）”，充分体现了人类的重要性。老子：“故道大，天大，地大，人亦大。域中有四大，而人居其一焉。人法地，地法天，天法道，道法自然。”（《道德经》第二十五章）庄子：“天地与我并生，而万物与我为一。”（《齐物论》）可以并看。儒道两家，虽则一刚健，一柔弱，却都张扬了人类自身的道德崇高。“赞天地之化育”“与天地参（叁）”，张扬了人类的精神道德旗帜，人与天地共同维系宇宙秩序，并以“诚”为“天地之心”。这个“参（叁）”字，这个“赞”字，这个“与”字，显示出人类对于天地来说，不是可有可无的。人寄生天地之间，天地之间也少不得人！天地无人，则天地无仁！

人“与天地参（叁）”，就是“天人合一”，什么是“合一”？又如何“合一”？人因为其“诚”，而与天本体合一；人因为“赞天地之化育”，而与天功能合一。

3.2 其次致曲

其次致曲[1]。曲能有诚[2]。诚则形，形则著，著则明，明则动，动则变，变则化[3]。唯天下至诚为能化。

［译文］

次于至诚圣人的贤人能偏至一隅。能偏至一隅也是有一定的诚。内心有诚就会表现出来，表现出来就会日益显著，日益显著就会日趋光耀，光耀了就能感动万物，感动万物就能改变世风，改变世风就能化育万物。只有天下至诚的人才能化育万物。

［注释］

1 其次：相对于上章“天下至诚”者而言的次一等者。

郑注："其次，谓自明诚者也。"朱熹："通大贤以下凡诚有未至者而言也。"致：用，致力于。曲：局部，细小的部分，一隅，一端。此处指偏至。《庄子·天下》："不该不遍，一曲之士也。"朱熹："曲，一偏也。"如此，则"曲"相对于"天下至诚"的"尽"而言："尽"是全部，完全，故曰"尽量"，尽量者，尽其量也，为圣人能之；"曲"则不全，局部，故曰"委曲求全"，委曲求全者，不全也，不全而求全，贤人之所为也。如此，"致曲"则可理解为不能直达至诚，须曲折修炼而致。"致曲"，乃"曲致"，与"不勉而中，不思而得，从容中道"之圣人境界有所差距，属于"诚之者"之"择善而固执之者也"。这两种理解的区别在于对"曲"的意思及语法意义的理解不同：一是把"曲"理解为结果，则"曲"是名词，"致曲"是动宾结构；一是把"曲"理解为过程或方式方法，则"曲"是形容词，"致曲"是"曲致"的倒装，"曲"是状语，是"致"之方式和样态。

2 曲能有诚：能至一隅，亦须有诚。有诚方能有所至。若理解"曲"为过程或方式方法，则"曲能有诚"的意思是：能经受如此曲折而不放弃，择善而固守，委曲而求全，亦是有诚。

3 形：成型，外显。著：显著，凸显。明：显豁，明亮。动：感动，撼动。变：改变。化：化育。形、著、明、动、变、化，朱熹："形者，积中而发外。著，则又加显矣。明，则又有光辉发越之盛也。动者，诚能动物。变者，物从而变。化，则有不知其所以然者。”王夫之《读四书大全说·中庸》：“在己为‘形’，被物为‘著’，己之感物曰‘动’，物之应感曰‘变’。”刘沅《中庸恒解》：“始焉诚有其基，端倪可见，故曰‘形’；继焉涵养真积，发为光辉，故曰‘著’；光辉之久，身心莹然，太和洋溢，故曰‘明’；明则一元之理既盈，浩然之气发越，贯乎四体，曰‘动’；动则阴驳之气潜消，昭融之象周洽，故曰‘变’；变则尽去其形气之累，而归于冲粹之天，万善俱涵，因应无方，犹是日用寻常，浩气通乎帝，谓神明不测，造化由心，故曰‘化’也。”

[导读]

上一章讲“唯天下至诚，为能尽其性”，这一章讲次一等的人通过诚，然后曲、形、著、明、动、变、化，最终也达至“唯天下至诚为能化”的至高境界。

天下至诚，是圣人，是“自诚明”者，是天生的“诚者”。而“其次致曲”者，则是“自明诚”，虽则殊途，但终于同归。朱熹曰：“盖人之性无不同，而气则有异，故惟圣人能举其性之全体而尽之。其次则必自其善端发见之偏，而悉推致之，以各造其极也。曲无不致，则德无不实，而形、著、动、变之功自不能已。积而至于能化，则其至诚之妙，亦不异于圣人矣。”

这一章，前面讲“其次致曲”，显然是相对于上章“唯天下至诚”而言，是说两者之差距，但最后结句，则是“唯天下至诚为能化”，由“其次”到“不次”，两者又趋于同一境界了。这是子思在鼓励我们这些资质一般的人，只要有一线之诚，就要努力使之呈现，使之见功，择善固守，委曲求全。哪怕一开始只是在日常小事上坚持其诚，只能有一念之善、一得之见、一知之明、一事之功、一隅之至，但若能坚持下去，持之以恒，久久为功，最终也会趋于大化之境。这个逻辑，与 2.8.2 章之“或生而知之，或学而知之，或困而知之，及其知之一也；或安而行之，或利而行之，或勉强而行之，及其成功一也”是一致的。

值得注意的是，在形、著、明、动、变、化的序列里，还应该有个曲，并且排在第一。这个序列，是在告诉我们，一旦有了诚，哪怕先偏至一隅（曲），委曲求全，最终也能化育天下。

3.3 至诚之道

至诚之道，可以前知[1]。国家将兴，必有祯祥；国家将亡，必有妖孽[2]。见乎蓍龟，动乎四体[3]。祸福将至：善，必先知之；不善，必先知之[4]。故至诚如神[5]。

[译文]

至诚之道，可以预知未来。国家将要兴盛时，一定有吉兆；国家将要衰亡时，一定有凶兆。从蓍草和龟甲上表现出来，从人的言行举止上表现出来。祸福将要到来时：吉，一定可以预先知道；凶，一定可以预先知道。所以至诚之人从随神灵。

[注释]

1 至诚之道：至诚作为道，至诚即是道，而不是至诚还有一个道。至诚之道，可以前知：人若至诚，则将拥有预知未来的能力。也可以理解为：为人唯至诚，方可拥有预知的能力。何以知之？知之以道。万事不违乎道，道逻辑前定，故事可前知。一切预知，不外乎逻辑必然。已然实然之前，已有必然之逻辑，故事可前知，知之以道也。若狮兔相搏，无需等实然结果而可以预知结局，有必然之道也。

2 祯祥：吉祥的预兆。妖孽：祸患的预兆。两个“必”字，讲的就是逻辑前定的必然性。

3 蓍（shì）：一种多年生草本植物，因寿命较长，被古人视为神物，用其茎进行占卜，叫筮。龟：因寿命较长，同蓍一样也被古人视为神物，用其甲进行占卜，叫卜。四体：郑玄：“四体，谓龟之四足：春占后左，夏占前左，秋占前右，冬占后右。”（《礼记正义》卷五十三）。朱子：“四体，谓动作威仪之间，如执玉高卑，其容俯仰之类。凡此皆理之先见者也。”朱熹的意思是，从人之行为、言语、气质也可以看出国之现状及未来。如孔子言：“入其国，其教可知也。其为人也，温柔敦厚，诗教也。疏通知远，书教也。广博易良，乐教也。洁静精微，易教也。恭俭庄敬，礼教也。属辞比事，春秋教也。故诗之失愚，书之失诬，乐之失奢，易之失贼，礼之失烦，春秋之失乱。其为人也，温柔敦厚而不愚，则深于诗者也；疏通知远而不诬，则深于书者也；广博易良而不奢，则深于乐者也；洁静精微而不贼，则深于易者也；恭俭庄敬而不烦，则深于礼者也；属辞比事而不乱，则深于春秋者也。”（《礼记·经解》）又如《礼记·乐记》：“治世之音安以乐，其政和；乱世之音怨以怒，其政乖；亡国之音哀以思，其民困。声音之道，与政通矣。”又如《论语·季氏》：“子曰：‘天下有道，则礼乐征伐自天子出；天下无道，则礼乐征伐自诸侯出。自诸侯出，盖十世希不失矣；自大夫出，五世希不失矣；陪臣执国命，三世希不失矣。天下有道，则政不在大夫；天下有道，则庶人不议。’”这些皆可理解为祯祥妖孽之动乎四体者也。译文从朱熹。

4 善，不善：如吉，不吉，即是前句之“福祸”。孔颖达《礼记正义·卷五十三》：“善，必先知之者，善谓福也。不善，必先知之者，不善谓祸也。”不言福而曰善（吉），不言祸而曰不善（不吉），先有其理，后现其几，终成其事者也。

5 至诚如神：朱熹：“惟诚之至极，而无一毫私伪留于心目之间者，乃能有以察其几焉。神，谓鬼神。”《易·乾·文言》：“夫大人者……与鬼神合其吉凶。先天而天弗违，后天而奉天时。天且弗违，而况于人乎？况于鬼神乎？”如：此处有“从随”义，《说文》“从随也”。

[导读]

本章关键词是第一句“至诚之道”，而其主旨，则是最后一句“至诚如神”。

何为“至诚之道”？因为下文提及“前知”，提及“蓍龟”，所以此“道”很容易被人误解为占卜一类的术数。其实，至诚之道，就是圣人之道，就是自诚明之道，就是天道。张振渊曰：“提出个‘道’字，正见其异于术数。然至诚即是道，不是至诚外另有一个道也。”（《四书说统》卷三《中庸》）人若至诚，便自在道中，也就与道合二为一，拥有“以道观物”（庄子语）的能力，“夫大人者，与天地合其德，与日月合其明，与四时合其序，与鬼神合其吉凶。先天而天弗违，后天而奉天时。天且弗违，而况于人乎？况于鬼神乎？”（《易·乾·文言》）所以，此章结语，乃“至诚如神”。至诚如神的“如”字，不作“如同”“相似”解，而是作“从随”解（《说文》），则“如神”犹“如愿”“如命”“如令”，是追附、随行、遵从神灵的意思。

顾宪成曰：“至诚之道，即天之道也。至诚不言人而言道，最可味。盖言人，则至诚之造，非圣人不能当。言道，则匹夫匹妇，当其一私不着，便是至诚，便有可以前知之理。”（《中庸说》）顾宪成的意思是，子思在此不言“至诚之人”，而言至诚之道，乃是因为，讲“至诚之人”，则唯有圣人可以当之，摈匹夫匹妇于其外，绝普通人道德上进之路径和指望。而言“至诚之道”，则人人可以追慕随行，随时可以追慕随行，一念为善，则可致曲；心有诚意，即可形、著、明、动、变化、参赞，以及乎前知如神。这是对普通人的道德鼓励。

3.4 诚者自成

诚者自成也，而道自道也[1]。诚者物之终始[2]，不诚无物。是故君子诚之为贵[3]。诚者，非自成己而已也，所以成物也[4]。成己，仁也；成物，知也。性之德也[5]，合外内之道也[6]，故时措之，宜也[7]。

[译文]

自诚明的诚者是自我成就其天性，而道是自我成行的正道。诚贯穿于万物的终始，没有诚就没有万物。所以君子以求诚致诚为贵。作为诚者的圣人，不只是成就自己本性就够了，诚也是他成就万物的手段呢。成就自己，是仁；成就万物，是智。诚者之诚是本性所具之美德，是把外物和内心合而为一的原则，因此诚者任何时候举手措足行为举止，都是合适的。

［注释］

1 诚者：此指人，即“自诚明”之圣人。自成：自我成就。自道（dǎo）：自我引导。而：表示上下两句是承续关系而非并列表达。道自道：道是自我的道路，道是本体与功能高度合一的，人随道行，而道自行。一说，道，言说，自道，自我表达。以前说为优。朱熹：“言诚者物之所以自成，而道者人之所当自行也。”全句译为：诚者是自我成就其天性，而道是自我成行的正道。

2 此句“诚者”，指“诚”这种品德、属性，指“诚”这个概念。物：万物，自然包含人。终始：始，物（人）之天性；终，天性之完成。终始，从物的角度言，是物之本性的圆成，如一粒种子，自然包含着落地发芽，生根开花结果之始终，而这一始终的过程，也是“诚”——恪守自己的本性不枝不蔓，若有一毫不依本性，则定然无始终而无结果。“诚”即对自我天性的恪守，天性既失，物非其物，此即“不诚无物”。若使物是此物，则一须不离其性，二须充实完满其性。从人的角度说，即以天性的完成来结束人生的修炼，这一始终的过程，也是“诚”——谨守四心不放不滥，若有一毫心有旁骛或戕残本性，即无法完成自性的圆融，此亦“不诚无物”。这一过程，犹《大学》之“明明德”至于“止于至善”。

3 诚之：是 2.8.4 中“诚之者，人之道也”之“诚之”，指求诚之事，意为使之达到诚的状态。君子诚之为贵，意为君子以求诚为贵。

4 此句“诚者”，同本章第一个“诚者”，指圣人。成己：尽己之性。成物：尽物之性。

5 性之德也：诚者之诚是本性所具之德。

6 合外内之道：诚者之诚是把外物和内心合而为一的原则。外：外物。内：内心。

7 时：任何时候。措：措置，施行。宜：适当，恰当。

［导读］

本章讲诚之功能：自成和成物。

本章有四个小层次。

第一层，“诚者自成也，而道自道也”。

讲诚者自有道路。我们常常说吉人自有天相：所谓吉人，就是诚者；自有天相者，自有道路也。孔子说“君子固穷”，然潜台词是：君子即使穷绝之时，也不离正道，颠沛必于是，造次必于是，穷不失志，且益坚，不坠青云之志。而“小人穷斯滥矣”，滥，就是泛滥而无方向，背离正道，背离本性，不可收拾。

第二层，“诚者物之终始，不诚无物。是故君子诚之为贵”。

讲“诚”对于万物之生成，对于君子人格之玉成，都不可或缺。无诚，天道无以成就万物，万物亦无以自成；无诚，人道无以成就君子，君子亦无以自成。天以诚成就万物，人以诚自成君子。所以，君子以追慕、努力于诚为人生首要使命。

第三层，“诚者，非自成己而已也，所以成物也。成己，仁也；成物，知也”。

讲诚的层次：成己而成物。成己成物，有逻辑上的次序，却无时间上的先后。盖成己而后可以成物，一如《大学》所谓修身而可以齐家治国平天下；但成己之道，又绝非简单的心性之学，孤独自修冥想可得，须从做事中修炼，故成物也是成己的必由之径。所以，成己，是成就自己的内心之仁；成物，则是明了非诚物不能自成也。此如孔子所云之“仁者安仁，知者利仁”，“利仁”者，知道凭借仁也。知道须凭借成物方能成己，智也。

第四层，“性之德也，合外内之道也，故时措之，宜也”。

此句省略了主语“诚者”，也就是“自诚明”之圣人。对于圣人而言，诚是他天赋之性中自含之德，也是他修己利他、齐家治国平天下的基本原则，所谓“合外内之道也”。因为内心有了诚，他的行为，无所不宜无时不宜。这也就是孔子所云的“吾道一以贯之”，一者，诚也。圣人无时不宜无处不宜，并非他“多学而知之”，而是心中有诚，其应无穷。

3.5　故至诚无息

故至诚无息[1]。不息则久[2]，久则征[3]，征则悠远，悠远则博厚，博厚则高明[4]。

博厚，所以载物也；高明，所以覆物也；悠久，所以成物也。博厚配地，高明配天，悠久无疆。如此者，不见而章，不动而变，无为而成[5]。

天地之道，可一言而尽也[6]：其为物不贰，则其生物不测[7]。天地之道：博也，厚也，高也，明也，悠也，久也。[8]今夫天[9]，斯昭昭之多[10]，及其无穷也，日月星辰系焉，万物覆焉。今夫地，一撮土之多，及其广厚，载华岳而不重[11]，振河海而不泄[12]，万物载焉。今夫山，一卷石之多[13]，及其广大，草木生之，禽兽居之，宝藏兴焉。今夫水，一勺之多，及其不测，鼋鼍鲛龙鱼鳖生

焉[14]，货财殖焉。

《诗》云[15]：“维天之命，於穆不已[16]。”盖曰天之所以为天也。“於乎不显[17]，文王之德之纯！”盖曰文王之所以为文也，纯亦不已[18]。

[译文]

所以至诚是无有消歇的。不休息就持久，持久就表现效验，表现效验就悠远长久，悠远长久就广博深厚，广博深厚就高尚光明。

广博深厚，是用来承载万物；高尚光明，是用来照覆万物；悠远长久，是用来成就万物。广博深厚可以与地相配，高尚光明可以与天相配，悠远长久无边无际。达到这样境界的人，不表现而凸显，无动作而自然变化，无所作为而自然成就。

天地之道，可以用一个（诚）字来概括它：它的本质专一不二，所以它生育万物无法估量。天地之道：广博，深厚，高大，悠远，长久。拿天来说，就那一片纯净的空明，到其无穷无尽时，日月星辰系悬其上，天下万物覆盖其下。拿地来说，就那一把单一的黄土，到了它无限广阔深厚时，负载华岳而不觉其重，收容江海而不致泄漏，万物都被它负载着。拿山来说，就那么单纯的一块石头，到了它广阔高大时，草木生长其上，禽兽居住其中，宝藏孕育其里。拿水来说，就那么一勺纯澈，待到它积聚到无法测量，鼋鼍鲛龙鱼鳖在那里生长，财货从那里增殖出来。

《诗经》里说：“维天之命，於穆不已。”（唯有上天的赋予，深厚而没有止境。）这就是说天之所以成为天的原因吧。《诗经》里还说：“於乎不显，文王之德之纯！”（啊，多么光明显耀，周文王的道德那么纯粹！）这就是说周文王之所以被称为“文”，原因大概就在于他道德的那一种纯粹无限延伸吧。

［注释］

1 无息：无间断。言诚之本体无有消息之状态，与上文“时措之”呼应。

2 不息：无停息。言诚之功能运行不止之特征。

3 久则征：征：征验，指表现于外，相当于3.2“诚则形”之“形”。另，因为征之繁体字“徵”与“彻”之繁体字“徹”形近，故郑注“征或为彻”。因征的繁体还与“微”近，故亦有理解为“微”者，三者义理皆可通。译文取第一义。朱熹：“久，常于中也。征，验于外也。”

4 博厚：不狭浅；高明：不卑暗。

5 不见而章：见（xiàn）：同“现”，表现。章：同“彰”，明显，显著。不动而变：动与变，参见3.2“动则变，变则化”之注释。刘沅《中庸恒解》：“不表著而自有光辉，不耸动而自然变化，无所作为而功业自成，皆至诚之德，自然之盛也。”

6 一言：一个字，即“诚”。

7 贰：《说文》：“贰，副益也。”增益之义，指不纯不贞不一，则不贰谓纯、谓贞、谓一，三者诚也。不测：不仅指不测其数之多，也指不测其类之广。

8 这一句，是对上文的总结。疑是衍文，可能是后人注文窜入正文。姑存疑。

9 今夫：发语词。有就近举物譬喻之意。

10 昭昭之多：一般注释这几句，都参照后三句“一撮土之多”“一卷石之多”“一勺之多”字面意思之“少”，把“昭昭”解释为少，一线之光，如孔颖达疏：“昭昭，狭小之貌，言天初时唯有此昭昭之多，小貌耳。”朱熹：“昭昭，犹耿耿，小明也。”疑不确。此几句当从纯一不二的角度理解。昭昭，指纯净之光明；一撮土、一卷石、一勺水，都指其作为土、石、水之本质纯一。本质纯一，则自然广大深厚，下文“纯亦不已”，即是指一点纯粹可以无限延伸以至无穷，而唯有纯粹可以无限延伸，包孕宇宙万物、芸芸众生。朱熹：“此四条，皆以发明由其不贰不息以致盛大而能生物之意。然天、地、山、川，实非由积累而后大，读者不以辞害意可也。”“非由积累而后大”者，为其本来自大也；本来自大者，一点纯粹，无限延展，诚于中而久，自能至其极盛极大也。

11 华岳：华山。一说华、岳是两山名，刘沅《中庸恒解》："华、岳，二山名。河南华。河西岳。"

12 振：收容，收纳，有赈意。郑注："振，犹收也。"

13 卷：同"拳"。一卷石：一块小石头。刘沅《中庸恒解》："卷，区也。"

14 鼋（yuán）：鳖一类的水生爬行动物。鼍（tuó）：鳄鱼的一种，俗称猪婆龙。

15《诗》：《诗经·周颂·维天之命》篇，"是周公摄政、辅成王致太平、祭告文王的乐歌"（陈子展《诗三百解题》）。下文所引诗句亦见此篇。

16 於（wū）：句首语气词，表示赞叹。穆：深远。已：止。

17 於乎：同"呜呼"，感叹词。不（pī）：同"丕"，大。显：光明，显著。

18 纯：诚之一德。亦：表示委婉的语气。不已：不息。

[导读]

本章四段。第一段讲诚之本体。第一句揭示出本章主旨：至诚无息。无息，即无有止息，讲"诚"之内在性质：诚是一种动能。此一句，有"天行健"之刚勇。接下来，由"无息"之本体能量，到"不息"之能量内运：久、征、悠远、博厚、高明，这些都是诚的本体特征，这些特征是同时存在的，只是逻辑上有因果而已，并不存在着只在某一阶段的“诚”，“诚”也不会在某一阶段只显示一种特质。诚是圆融的存在，它同时具备久、征、悠远、博厚、高明这些特征，子思用这样的表示因果的句子，只是揭示这些特征的内在联系，并不表示这些特征依次出现，它们是圆融一体、不可分割的。

第二段，讲诚之功能。诚之功能，有三个：载物，覆物，成物。这一段也可以理解为讲圣人，讲君子。圣人君子之“仁智勇”三达德，至此圆满：博厚配地，高明配天，悠久无疆。圣人是“不勉而中，不思而得，从容中道”者，故“不动而变，无为而成”，圣人之道即天地之道。

第三段，接着上文，讲天地之道。这里的“天地之道”，讲的是天地载物、覆物、成物之道。这个“道”，也就一个字：诚。诚可载物，诚可覆物，诚可成物。且唯诚可载物，唯诚可覆物，唯诚可成物。诚是什么？为什么诚有此功能和德性？因为诚是“为物不二”，内在属性纯粹不二之物，既可自我复制，充盈天地；也可“生物不测”，品类万方。接下来，子思连举四例——天、地、山、水，说明纯一不二之物，可以自生而广大，自成而无限；而其广大无限的本质又不过昭昭、一撮土、一卷石、一勺水，其小可在目前，其大可在无际，可无限分割，亦可无限繁衍，而唯本质不变，这个本质，就是诚。有了这个诚，不仅可以自足自成自大，而且可以载物、覆物、成物：如天之悬系星辰日月，覆盖众生万物；如地之荷载原隰（xí）衍沃，收贮华岳河海；如山之生草木，居禽兽，藏宝藏；如水之蓄养鱼鳖鼋鼍，生水族，产货财。

第四段，引《诗经》，由天地之道，回到文王之道。天地之道，是文王之道的源头本体；文王之道，是天地之道之人间呈现，文王之德，就是德侔天地。文王之德的最本质特征是什么？是“纯”，是至诚不二。文王之德“纯亦不已”，就是说文王道德纯粹，至诚不二，故其德自足自成自大，充盈天地之间，荷载天下苍生！

李贽《四书评》此章下：“只是一个至诚，便了得天地间无限事体，便做得天地间无上人物。天地人物都赖我‘位’‘育’，人若不信，文王便是个样子。”

3.6 大　哉

大哉！圣人之道[1]！洋洋乎[2]！发育万物[3]，峻极于天[4]。

优优大哉[5]！礼仪三百，威仪三千[6]，待其人而后行[7]。故曰苟不至德，至道不凝焉[8]。故君子尊德性而道问学[9]，致广大而尽精微[10]，极高明而道中庸[11]，温故而知新，敦厚以崇礼。是故居上不骄，为下不倍[12]。国有道，其言足以兴；国无道，其默足以容。《诗》曰[13]："既明且哲[14]，以保其身[15]。"其此之谓与[16]！

[译文]

大哉！圣人之道！周流浩荡呀！生长培育万物，高峻得与天同高。

丰富多彩呀！礼仪三百，威仪三千，等到那个合适的人出现便可推行。所以说：如果不是最高的德，就无法凝成最高的道。故君子尊奉德性而取道于问学，达至广大之境而着力于穷尽精微之处，臻于高明之极而依从中庸的路径，温习旧知识由此获得新知识，以敦厚的风俗来尊崇礼乐。因此，君子身居上位不骄傲，身居下位不背礼。国家有道的时候，他的言论足以使国家振兴；国家无道的时候，他的渊默足以使自己容身。《诗经》里说："既明且哲，以保其身。"（既明白又睿哲，以此保全性命。）说的就是这种君子吧！

［注释］

1 圣人之道：至诚之道和天地之道。就此章看，主要指"诚"在文化上的体现：礼乐制度。另，"圣人之道"并非意谓圣人独有之道。道为人所共有，但圣人能更全面地体现它，故名之曰"圣人之道"。

2 洋洋：浩荡充溢、宏大涌流之状。

3 发育：管志道曰："发育，陶冶之意。蒙昧而开导之，曰发；既开而培养之，曰育。"（《四书说统》卷三《中庸》）

4 峻：高。极：繁体为"極"。《说文》："極，栋也。"屋之正中至高处，后以喻极点。峻极于天：高大之极，比肩于天。

5 优优：宽裕充足、丰盈周到之状。朱熹："优优，充足有余之意。”

6 礼仪：指礼的原则、纲要、价值观。威仪：指礼之具体规范，操作性规范、礼节、详细条目。刘沅《中庸恒解》：“礼仪，礼之大者；威仪，礼之小者。”三百、三千：虚数，极言礼乐之繁盛周备。

7 其人：指圣人，至诚之人，也即下文“至德之人”。

8 凝：凝聚，引申为成功。朱熹：“凝，聚也，成也。”

9 君子：与圣人对言，圣人是“诚者”，君子是“诚之者”，向慕追随圣人者。尊德性：尊，尊奉不失；德性，天命之性。朱熹：“尊者，恭敬奉持之意。德性者，吾所受于天之正理。”道：由，从。问学：即“择善固执”、学问思辨等，郑注“问学，学诚者也”。道问学：取道于问学也。问学乃“所由以尊德性之路也”（郝敬《礼记通解》卷十九）。朱熹：“尊德性，所以存心而极乎道体之大也。道问学，所以致知而尽乎道体之细也。二者修德凝道之大端也。”

10 致广大而尽精微：达至道之广大而穷尽道之精微。刘沅《中庸恒解》：“极广大则无所不容，尽精微则无所不体。”

11 极：达至。道：同上文“道问学”之“道”，取道，指方法和路径。按：“尊德性而道问学，致广大而尽精微，极高明而道中庸”三句中的“而”，不是表示并列关系，而是条件关系：通过道问学而尊德性，通过尽精微而致广大，通过道中庸而极高明。下文紧接的两句“温故而知新，敦厚以崇礼”，也是条件关系，只是顺序正好颠倒：通过温故而知新，依靠敦厚以崇礼。

12 倍：同“背”，违反。

13《诗》：《诗经·大雅·烝民》篇，内容是周宣王命仲山甫往齐筑城，尹吉甫送行作诗赞美仲山甫的美德，是歌颂宣王的任贤使能。

14 明、哲：皆知明辨是非善恶之智慧。

15 身：不仅指肉身“生命”，更是指德性之身之“性命”，如俗云“不失身”者，不受污浊也。

16 其：表示推测的语气词，大概，恐怕。与：同“欤”，表示疑问的语气词。

［导读］

本章接着上章结尾的“文王之道”，讲“圣人之道”。圣人之道的目标是发育万物，圣人之道的方法是制礼作乐，圣人之道的体现是礼仪三百，威仪三千，郁郁乎文哉，彬彬之盛。而圣人之道的实现是以至德凝聚至道。说到此处，实际上子思写作《中庸》的动机也就明白了：他就是要用教化，培育出至德之人，致君尧舜，敦厚风俗。

那么，一个君子要如何才能成为圣人呢？“自明诚”者的“诚之”，路径是什么呢？那就是用问学的方法来尊德性，用尽精微的方法来致广大，通过中庸之道来臻于高明之极，以温故来知新，以敦厚来崇礼。这也是孔子告诫子贡的“能近取譬”（《论语·雍也》）之方。

如果做到了道问学、尽精微和道中庸，哪怕还没有达至广大高明，德性还没有圆融无碍，却也可以做到居上不骄、为下不倍、明哲保身了。

3.7　子曰愚

子曰：“愚而好自用[1]，贱而好自专[2]；生乎今之世，反古之道[3]。如此者，灾及其身者也[4]。”

非天子，不议礼，不制度，不考文[5]。今天下车同轨，书同文，行同伦[6]，虽有其位，苟无其德，不敢作礼乐焉；虽有其德，苟无其位，亦不敢作礼乐焉[7]。

子曰：“吾说夏礼，杞不足征也[8]；吾学殷礼，有宋存焉[9]；吾学周礼，今用之，吾从周[10]。”

[译文]

夫子说：“愚蠢而又好独断专行，卑贱而又好自说自话，生在今天这个时代，却要按照古人的方式生活。像这样的人，灾祸一定降临到他身上。”

不是天子就不能议定礼乐，不能制定法度，不能考订文字。现在天下车同轨，书同文，行同伦，即使有天子之位，如果没有相应品德，是不敢制礼作乐的；即使有其品德，假如没有天子之位，也是不敢制礼作乐的。

夫子说："我能说出夏代的礼，但是在杞国找不到充分的证明；我学习殷代的礼，有宋国在那里；我学习周代的礼，这是当今正在使用的礼，我遵循周礼。"

[注释]

1 愚：与下句"贱"对言，当指有位而无德之人，无德即是愚，愚蠢终无德。自用：改弦更张，自我作古。自古以来，得大位者常有此类自以为是而倒行逆施、乱国祸民之人。下文"虽有其位，苟无其德，不敢作礼乐焉"即是对此类人的警告。

2 贱：地位低贱之人。自专：自作主张，自以为是，不在其位，而谋其政。

3 反：通返。朱熹："反，复也。"古之道：与"今之世"对言，显然不能理解为"先王之道"，因为先王之道乃是贯穿古今普适之道，与今之世并不矛盾。故此处"古之道"，当指古代的一些具体做法，如衣食车马居所道路等。郑玄曰："反古之道，谓晓一孔之人，不知今王之新政可从。"（《礼记正义》卷五十三）按：《中庸》1.10："子曰：素隐行怪，后世有述焉；吾弗为之矣。”此处“反古之道”类似“索隐行怪”，而不知“时中”之义。下文孔子说“吾从周”者，周礼是“今用之”也，故“反古之道”，乃是指抛弃周礼，而乱用夏商之礼不知融会贯通也。

4 及：到。

5 议：议定，非议论之意。制度：制定礼制法度。考：考订。文：文字，指文字的字体、读音、词义等。礼、度、文非天子不可以做者，盖此三者皆天下通行之事也，不可人人、处处各行其是也。

6 轨：车辙，指车子两轮间的距离。文：文字标准。伦：人伦规范。车同轨，书同文，行同伦：冯友兰《中国哲学史》认为：“《中庸》所说义理，亦实与孟子之学说为一类。则似此篇实为思所作。然《小戴礼记》中之《中庸》，有今天下车同轨，书同文，行同伦之言，所说乃秦汉统一中国后之景象。”他从而怀疑此一段非子思所作之《中庸》原文所有。郭沫若在《十批判书》中批驳说：“《中庸》一篇，冯友兰氏虽认为‘与孟子之说为一类’，而疑似‘秦汉孟子一派的儒者所作’，证据是‘今天下车同轨，书同文，行同伦’，为秦汉统一中国后之景象……‘书同文，行同伦’在春秋战国时已有其实际，金文文字与思想之一致性便是证明，不必待秦汉之统一。仅‘车同轨’一语或有问题，但在目前亦尚无法足以断言秦以前各国车轨绝不一致。秦人统一天下之后，因采取水德王之说，数字以六为贵，故定‘舆六尺。六尺为一步，乘六马’（《始皇本记》）以此统一天下之车轨，此乃一种新的统一而已。故如冯氏所论，实不足以否定子思的创作权。”今人妄言秦人统一之功，郭氏之言适足以驳之。

7 虽有其位，苟无其德，不敢作礼乐焉；虽有其德，苟无其位，亦不敢作礼乐焉：以上两句，是说当今之世，在位者无其德，有德者无其位，都不可以作礼乐，则子思的意思即克己复礼，恢复周礼也。但有一字重，不可轻忽过去，此字即“亦”字。张振渊曰：“此节旧虽以愚、贱分疏，然看一‘亦’字，要抑扬说到有德无位上。人知有位无德之不可作，而不知有德无位之亦不可作已，隐隐打着到夫子身上来，故下节遂以夫子从周接言之。”（《四书说统》卷三《中庸》）孔子自言“述而不作”（《论语·述而》），“不作”者，无其位而“不敢作”也，子思即发挥孔子之言也。

8 杞：古国名，在今河南杞县一带。相传杞国君主是夏代君王的后代。《史记·周本纪》：“武王追思先圣王，乃褒封……大禹之后于杞。”征：证明，征信。

9 宋：在今河南商丘一带，宋国君主是商代君王的后代。《史记·周本纪》：“周公奉成王命……以微子开代殷后，国于宋。”存：存在。焉：作于是、于此讲。用如“心不在焉”之“焉”。《论语·八佾》：“子曰：‘夏礼，吾能言之，杞不足征也；殷礼，吾能言之，宋不足征也，文献不足故也。'" 与此处大同而小异。

10 吾从周：《论语・八佾》："子曰：'周监于二代，郁郁乎文哉！吾从周。'"

[导读]

这一章的主旨，在于反对自用、自专，反对索隐行怪。李贽《四书评》说此章："只是一个小心，能戒慎、恐惧而已矣。"

此章可分三层。第一层，引孔子的话，指出三种"灾及其身"的人和行为。"愚而好自用"，对应 3.6 的"居上不骄"；"贱而好自专"，对应 3.6 的"为下不倍"；"生乎今之世，反古之道"，对应 1.10 的"索隐行怪"。孔子为什么要说这样的话？子思为什么要引述孔子这样的话？子思是在反对当时诸侯的自行其是。在这三种行为里，他的关注点在第二种，"贱而好自专"。

于是，第二层直接给出结论："非天子，不议礼，不制度，不考文。"为什么子思要说这样的话？他否定的，就是当时甚嚣尘上的"贱而好自专"的诸侯及其行径。接下来的两句，重点也在后一句"虽有其德，苟无其位，亦不敢作礼乐焉"，有其德者，若无其天子之位，亦不可以作礼乐，何况无其德的当今之诸侯！

那么，那个时代，有其德者是谁？只能是孔子。

所以，第三层再次引用孔子的话，用孔子自己的话来证明：孔子是“述而不作，信而好古”的。述而不作的“作”，是指什么？皇侃疏：“述者，传于旧章也。作者，新制作礼乐也。”本节所引孔子的话里，有三个词：“说”“学”“从”。这三个词，对应着上一节的“议”“制”“考”。说者，述而不作而“不议礼”也；学者，学习记诵而“不制度”也；从者，依从顺随而“不考文”也。于孔子，都是“克己复礼”，严苛克制自己的创作冲动，而绝不自作主张、自我作古。但今之诸侯，动辄议定、制定、考订，如此自作主张，是可忍，孰不可忍？

有一个问题：为什么除了有德的天子，别人都不能作礼乐？

第一，这涉及文化权力。儒家非常强调“大一统”，但儒家讲的大一统，与法家的“统一”是不一样的。儒家的“大一统”，不是指权力一统，而是指“文化一统”，也就是“行同伦”。所以，儒家的“天下”，既不是指特定地域，也不是指特定政权，而是指“文化天下”。这文化天下的礼乐制度，必须统一，而谁才是这种统一的象征呢？有德的天子。所以，维护天子的“文化权力”，就是维护文化天下的统一。

第二，这涉及文化认同。如果听任各路诸侯自行其是，自定规矩，其结果，就是文化的分崩离析，规矩的各行其是，国异政，家殊俗。这会导致价值观的分裂，从而导致社会的分裂，人类的仳离。

《庄子·天下》：

是故内圣外王之道，暗而不明，郁而不发，天下之人各为其所欲焉以自为方。悲夫！百家往而不反，必不合矣！后世之学者，不幸不见天地之纯，古人之大体。道术将为天下裂！

这是庄子。再看孟子。《孟子·滕文公下》：

圣王不作，诸侯放恣，处士横议，杨朱、墨翟之言盈天下。天下之言不归杨，则归墨。杨氏为我，是无君也；墨氏兼爱，是无父也。无父无君，是禽兽也。公明仪曰："庖有肥肉，厩有肥马，民有饥色，野有饿莩，此率兽而食人也。"杨、墨之道不息，孔子之道不著，是邪说诬民，充塞仁义也。仁义充塞，则率兽食人，人将相食。吾为此惧，闲先圣之道，距杨、墨，放淫辞，邪说者不得作。作于其心，害于其事；作于其事，害于其政。圣人复起，不易吾言矣。

应该说，庄子所言，孟子所言，子思所言，是当时知识分子对文化分裂、价值观混乱的共同忧患。作《中庸》者，其有忧患乎！

3.8 王天下有三重

王天下有三重焉[1]，其寡过矣乎！上焉者[2]，虽善无征[3]，无征不信，不信民弗从。下焉者，虽善不尊[4]，不尊不信，不信民弗从。

故君子之道[5]，本诸身[6]，征诸庶民[7]，考诸三王而不缪[8]，建诸天地而不悖[9]，质诸鬼神而无疑，百世以俟圣人而不惑[10]。质诸鬼神而无疑，知天也；百世以俟圣人而不惑，知人也。[11] 是故君子动而世为天下道，行而世为天下法，言而世为天下则。[12] 远之则有望，近之则不厌。[13]

《诗》曰[14]："在彼无恶[15]，在此无射[16]。庶几夙夜[17]，以永终誉[18]。"君子未有不如此而蚤[19]有誉于天下者也。

[译文]

治理天下能做到三个慎重，就可以减少错误了吧！在上位的天子，即使有善政，假如没有依据，没有依据就无法取信于人。在下位的君子，即使有善，假如没有尊位，没有尊位就不能取信于人。

所以君子诚身的方法，是立足于自身的天赋德性，验证其效于庶民，考证于三王的王道没有差错，参照于天地之道而不悖谬，质证于鬼神而没有疑问，等到百代以后圣人出来也没有质疑。质证于鬼神而没有疑问，这是知天道；等到百代以后圣人出来也没有质疑，这是知人道。所以君子的举动世世代代成为天下人的向导，他的行为世世代代成为天下人的法度，他的言论世世代代成为天下人的准则。人们远离他时，仰望他；靠近他时，也不会厌倦他。

《诗经》里说：“在彼无恶，在此无射。庶几夙夜，以永终誉。”（在那里没有人憎恶，在这里也没有人讨厌。从早到晚都这样做，大概就可以永远保持好名誉。）君子没有一个不是这样做才早早名扬于天下的。

[注释]

1 三重：三件最重要，最需注重、慎重的事。“三重”有四种说法。

第一种说法，认为指“三王（夏商周）之礼”。郑注：

“三重，三王之礼。”孔颖达疏云：“言为君王有天下者，有三种之重焉，谓夏、殷、周三王之礼，其事尊重，若能行之，寡少于过矣。”（《礼记正义》卷五十三）程颐因袭此说。

第二种说法，认为指上章所说的议礼、制度、考文；朱熹引吕大临的话赞成第二种说法：“吕氏曰：‘三重，谓议礼、制度、考文。惟天子得以行之，则国不异政，家不殊俗，而人得寡过矣。’”刘沅《中庸恒解》从之。

第三种说法，以上二说，都有根据，却也有不足。毛奇龄《中庸说》卷五有批驳，然后毛氏根据陆德明的《经典释文》旧本曾训德、位、时作三重，认为三重指“德、位、时”。然子思作文，岂能如此前不着村后不巴店，缥缈无踪影且不作说明，致人无穷猜测。所以，这一说，也不足据。

第四种说法，陈戍国《四书五经校注本》在此节下注：“所谓‘三重’应该指下文说到的‘动’‘行’‘言’三者。”并且，释“动”为“变动，对旧制度的改造”以区别于“行”。

四种说法，都有利弊，然第四种说法较为平实，从之。

2 上焉者：与下文“下焉者”，诸家解释不同。有解释为“在上位”者与“在下位”者；有解释为“三代而上”与“三代而下”的。以上两种解释都有不够圆融之处。朱熹则解“上焉者”为“谓时王以前，如夏、商之礼虽善，而皆不可考”，解“下焉者”：“下焉者，谓圣人在下，如孔子虽善于礼，而不在尊位也。”此解问题更大，一上一下为什么一指时间一指地位如此错位？更重要的是，如朱熹所说，则因孔子不在尊位，而“不尊不信，不信民弗从”，这样理解孔子的影响和圣人的作用，也是匪夷所思。三者相较，译文取较为稳妥的第一种，而全句理解为一种虚拟语气：在上位的天子，即使有善政假如没有依据，没有依据就无法取信于人。在下位的君子，即使有善，假如没有被尊崇，没有被尊崇就不能取信于人。“虽善不尊”也可以理解为“不尊德性”。

3 善：好。征：证明，根据，依据，来源，及下文所谓“考诸三王而不缪”。刘沅《中庸恒解》：“虽善无征，事不师古，意美而法未良。”《墨子·非命上》：“何谓三表？子墨子言曰：有本之者，有原之者，有用之者。于何本之？上本之古者圣王之事。于何原之？下原察百姓耳目之实。于何用之？废（发）以为刑政，观其中国家百姓人民之利。此所谓言有三表也。”“虽善无征”就是墨子所言的“本之者”。下文“征诸庶民”，即是墨子所言的“原之者”。而下文“百世以俟圣人而不惑”，即是墨子所谓的“用之者”。

4 尊：尊崇。这里指受人尊敬的自身形象和思想行为影响力。朱熹解释为“尊位”，不确。下文“故君子之道”所言，君子所为，并不在争取地位，而在完善自身形象及影响力，本章结语“有誉于天下者”，即是明证。

5 君子之道：朱熹解释“此君子，指王天下者而言。其道，即议礼、制度、考文之事也。”不确。此句承上启下，当指上章所言之“有德无位”与“虽善不尊”者。“有德无位”者，圣人如孔子者也；“虽善不尊”者，“诚之”者也。而“君子之道”的“道”，就是“诚之”之方法路径。

6 本诸身：本于（立足于）自身善性。

7 征诸庶民：验证其效于庶民。

8 三王：指夏、商、周三代开国的君王夏禹、商汤、周武王。缪：错误。

9 建：建立，有对照、参照、比较意。天地：此指天地之道。悖：违背。建诸天地而不悖，意为与天地对照而无悖谬。

10 俟：待，等待百世以后的圣人的肯定。朱熹：“百世以俟圣人而不惑，所谓圣人复起，不易吾言者也。”

11 质诸鬼神而无疑，知天也；百世以俟圣人而不惑，知人也：于述胜《中庸通解》以为，当为“建诸天地而不悖，质诸鬼神而无疑，知天也；考诸三王而不缪，百世以俟圣人而不惑，知人也”之缩写简化，是。

12 动：动容、周旋，举手投足之一切举动。行：行事，做何事以及以何种方式做事。言：言论。世：世世代代，永远之意，下文“行而世”“言而世”之世同此。道：导，向导，指引。法：法度，规矩。则：规则，法则。

13 远之则有望，近之则不厌：疏远者有忻望向慕之情，亲近者乐其德行，久而不厌，久而敬之。

14《诗》:《诗经·周颂·振鹭》篇，内容是写周成王祭祀文王，杞国和宋国的国君来助祭。杞是夏之后，宋是殷之后，二王来助祭，可见周德盛大。《中庸》孔疏以为“言微子来朝，身有美德，在彼宋国之内，民无恶之；在此来朝，人无厌倦，故庶几夙夜，以长永终竟美善声誉”。

15 恶：讨厌，嫌恶。

16 射:《诗经》原文作“斁（yì）”，厌恶，厌弃。

17 庶几：差不多，将近。夙夜：从早晨到晚上。

18 永：永保。终誉：所成就的荣誉。

19 蚤：同“早”。

[导读]

本章承绪上章而遥接 3.6。

上章讲“非天子，不议礼，不制度，不考文”，讲“虽有其德，苟无其位，亦不敢作礼乐”，于是，在逻辑上留下一个疑问：既如此，则君子乃至于圣人，苟无其位，则如何诚身成物？如何修齐治平？如何作新民止于至善？其“尊德性而道问学，致广大而尽精微，极高明而道中庸，温故而知新，敦厚以崇礼”，又有何意义？

本章即是对这些问题的回答。

本章分三层。第一层，承上章“虽有其位，苟无其德，不敢作礼乐焉；虽有其德，苟无其位，亦不敢作礼乐焉”，提出问题：“上焉者，虽善无征，无征不信，不信民弗从；下焉者，虽善不尊，不尊不信，不信民弗从。”虽然这里提出“上焉者”“下焉者”两个“不信民弗从”的问题，但落脚点则在“下焉者”——君子乃至圣人，无其位者，如何作为？

于是第二层提出“君子之道”。此“君子之道”，就是君子在无其位的时候的“作为”之道。这个“道”就是“本诸身”而努力于“知天”“知人”。所谓“知天”“知人”，就是“为天地立心，为生民立命”，就是“建极绥猷”，承担上对皇天、下对庶民的双重神圣使命——承天而建立法则，抚民而顺应大道。所以，君子虽然不能制礼作乐，却“动而世为天下道，行而世为天下法，言而世为天下则”。最终，虽无其位，却因其德望，“远之则有望，近之则不厌”，实现治国平天下的最高理想。

第三层，引用《诗经·周颂·振鹭》篇的一首诗，这首诗颂扬微子德性高尚，在本国没有人怨恨，来到镐京城也无人讨厌，希望其日夜勤勉，保留众口交誉的美名。最后给出结论：君子不是以权位来挟持天下，而是以自己的令誉美名来影响天下。所以，孔子说“君子疾没世而名不称焉”（《论语·卫灵公》），不是为了自己留名，而是君子无名则不足以风化天下也。

3.9 仲尼祖述尧、舜

仲尼祖述尧、舜，宪章文、武[1]，上律天时[2]，下袭水土[3]。辟如天地之无不持载[4]，无不覆帱[5]；辟如四时之错行[6]，如日月之代明[7]。万物并育而不相害，道并行而不相悖[8]。小德川流，大德敦化[9]，此天地之所以为大也！

［译文］

仲尼宗奉尧、舜，效法文王、武王，上顺天时，下依地理。就好像天地没有什么不能支撑容载，没有什么不能覆盖；就好像四季交替运行，如同日月更迭照耀。万物共生而不相害，诸道并行而不相悖。良风善俗之小德如河流溪水流布人间，成己成物之大德敦化引导万物，这就是天地之所以伟大的原因！

［注释］

1 祖述：宗奉和传述。宪章：效法和阐明。尧、舜、文、武，即上一章“虽善无征”之“征”。孔子，则善而有征矣。

2 律：遵循，顺从。

3 袭：因袭，依照。

4 辟：同“譬”。

5 帱（dào）：覆盖。此句天地分说，地持载，天覆帱。

6 错行：交错运行。

7 代：交替。明：明亮，照耀的意思。

8 道并行而不相悖：此句的道，是指万物各类皆有其道之“道”，如蝼蚁有蝼蚁之道，稊稗、瓦甓、屎溺皆有其道（参见《庄子·知北游》）；男人之所以为男人，有男人之道；女人之所以为女人，有女人之道。此类道并行不悖。

9 小德、大德：对小德大德的解释，众说纷纭，主要有以下几种：一，小德指诸侯之德，大德指天子之德。郑玄、孔颖达主之。二，小德为百家之说，大德为孔子的圣人之道。惠栋：“小德川流，谓百家；大德敦化，谓圣人。”（《易大谊》）三，朱熹：“所以不害不悖者，小德之川流；所以并育并行者，大德之敦化。小德者，全体之分；大德者，万殊之本。川流者，如川之流，脉络分明而往不息也。敦化者，敦厚其化，根本盛大而出无穷也。”朱熹此以“理一分殊”释大德小德：大德者，一理也；小德者，殊分也。四，俞樾认为大德为乾德，小德为坤德，顺便解“川流”为“顺流”，敦化即“天行健”（《群经平议》卷二十二）。以上参阅于述胜《中庸通解》第297—299页。

其实，我们可以平实一点来理解：小德谓众人所行之日常琐碎之德，如揖让进退；大德谓圣人仁爱天下，祖述尧舜、宪章文武之德。《论语·子张》载子游对子夏教育内容的批评：“子夏之门人小子，当洒扫应对进退则可矣。抑末也，本之则无，如之何？”这“洒扫应对进退”，即是小德；“本”，即是大德。同篇载子夏言：“大德不逾闲，小德出入可也。”同篇又载，卫公孙朝问于子贡曰：“仲尼焉学？”子贡曰：“文武之道，未坠于地，在人。贤者识其大者，不贤者识其小者，莫不有文武之道焉。夫子焉不学？而亦何常师之有？”大德即贤者所识，小德即不贤者所循。

敦化：敦促使之变化。

[导读]

上一章讲有德无位之圣人君子取信于人、敦化世界之“君子之道”——通过自己的天赋之德征诸庶民，考诸三王，建诸天地，质诸鬼神，用精神境界的建构获取“天爵”（孟子语），建构自己的“誉望”，以自家人格影响天下。

本章紧接上一章，讲孔子如何以无位之人而进阶人格之极，成为人类导师、万世师表，德侔天地、道贯古今，删述六经、垂宪万世。这一章既是对上一章的举例说明，更是一篇“孔子赞”。

这章“孔子赞”分三层。

第一层，讲孔子好古，虽曰述而不作，其实祖述也好，宪章也罢，斯文在兹，道之将行。孔子曰“人能弘道，非道弘人”，弘道岂不也是大功德？弘有三义：承绪、充实、弘扬，这正是“士志于道”的具体内涵。《论语·先进》：“子张问善人之道，子曰：‘不践迹，亦不入于室。’”如何善人？如何成物？就得“践迹”，这“迹”，就是文武之道、尧舜之德。不践迹，就不能登堂入室。《论语·子张》载子贡回答卫公孙朝之问：“仲尼焉学？”子贡曰：“文武之道，未坠于地，在人……夫子焉不学？而亦何常师之有？”

第二层，讲孔子德侔天地，功如日月。王夫之《四书笺解》卷二《中庸》：“第一节言圣道之大，二节言圣德之全，道之大因于德之全。末节就天地以证上意。”

第三层，讲天地之大，在于万物并育，诸道并行，大德容下，大道容众。这是讲天地之大道，也是讲孔子之大德！

3.10 唯天下至圣

唯天下至圣，为能聪明睿知，足以有临也[1]；宽裕温柔，足以有容也[2]；发强刚毅，足以有执也[3]；齐庄中正，足以有敬也[4]；文理密察，足以有别也[5]。溥博渊泉，而时出之。[6]溥博如天，渊泉如渊。见而民莫不敬[7]，言而民莫不信，行而民莫不说[8]。是以声名洋溢乎中国[9]，施及蛮貊[10]。舟车所至，人力所通，天之所覆，地之所载，日月所照，霜露所队[11]，凡有血气者[12]，莫不尊亲，故曰配天。

［译文］

只有天下最伟大的圣人，能够聪明睿智，足以俯察天下；宽裕温柔，足以包容万物；强健刚毅，足够有执守；端庄公正，足够有信仰；思虑周密，足以辨是非。道德周遍深厚，适时而呈现出来。周遍广阔如天，深广沉厚像渊。他表现出的德性人民没有不敬佩的，他说出的言论人民没有不信服的；他做出的行动人民没有不喜欢的。因此，他的声名传扬华夏各国，并传到边远地区。凡车船所能到达的，人力所能通行的，天所覆盖的，地所承载的，日月所照耀的，霜露所降落的地方，凡是有血气的人类，没有不尊重他、亲近他的，所以说他德行配天。

[注释]

1 有临：居高临下，俯察天下之意。

2 有容：胸怀宽广，怀柔万方之意。

3 发强：奋发，强健。有执：有执守，有信念。

4 齐：同“斋”，斋戒。庄：庄严。有敬：有敬畏，有信仰。

5 文理密察：朱熹：“文，文章也。理，条理也。密，详细也。察，明辩也。”文理：华丽而条理；密察：详细而不乱。有别：有明辨分别之能力。

6 溥博渊泉：朱熹：“溥博，周遍而广阔也。渊泉，静深而有本也。”而时出之：指圣人之德适时而展现出来。

7 见：同“现”，表现。

8 说：同“悦”，喜欢。

9 洋溢：充满，广泛传播。中国：中原华夏之国。

10 施：延伸，延续。蛮貊（mò）：指落后的边远地区。《尚书·武成》："华夏蛮貊，罔不率俾。"

11 队（zhuì）：同"坠"，降落。

12 有血气者：这里指人类。

[导读]

在上一章的导读里，我说它是一篇"孔子赞"，那么，这一章就是其续篇。

本章也分三层。

从开首"唯天下至圣"至"足以有别也"为第一层，讲至圣"五德"。

从"溥博渊泉"至"行而民莫不说"为第二层，讲圣人化育天下。

"是以声名洋溢乎中国"至"故曰配天"为第三层，讲圣人德配上天。

以下重点解释第一层。

上一章的"孔子赞"，讲孔子圣道之大、圣德之全，那么，这一章开头第一层，就用五个"足以"为标志的排比句，来说明孔子圣德的内涵。朱熹这样分析："聪明睿知，生知之质……其下四者，乃仁义礼知之德。"也就是说，"聪明睿智”与下面“宽裕温柔、发强刚毅、齐庄中正、文理密察”四者，是总分关系。总者，质也；分者，德也。但也有人认为，这五个句子所写到的五个圣德内涵应该是平等并列关系，从句子的语气看，做并列关系比较合适。

于述胜《中庸通解》（第307—312页）引帛书和简书《五行》篇所说的“仁义礼智圣”“五行”说，将这段话概括为以下五个内涵：

聪明睿知——圣；

宽裕温柔——仁；

发强刚毅——义；

齐庄中正——礼；

文理密察——智。

这五个具体内涵，我们可以简称为“五德”。

但有个问题：“圣”与“仁义礼智”在逻辑上不是并列关系，文章的表述是“唯天下至圣，为能聪明睿知、宽裕温柔、发强刚毅、齐庄中正、文理密察”，显然，“圣”包含下面说到的五点内涵，而不是指“聪明睿智”一种内涵，以“聪明睿智”属“圣”并不合适，所以，把“圣”与下面的“仁义礼智”并列也不合适。

其实，即使后面四德，归属于“仁义礼智”，也不完全合适，刘沅《四书恒解·中庸恒解》就认为后四德不必定指仁义礼智。

我认为，还有一个更大的问题，那就是前文所说到的“知、仁、勇三者，天下之达德也”中的“勇”，竟然不在朱熹等人说到的“五德”之中，不是很奇怪吗？

其实，这个问题并不难解决，只要我们不拘泥朱熹的解释和对“仁义礼智”的归类，就可以找到一条出路：

聪明睿知，足以有临——临，俯察也——智也；

宽裕温柔，足以有容——容，容物也——仁也；

发强刚毅，足以有执——执，执守也——勇也；

齐庄中正，足以有敬——敬，敬畏也——义也；

文理密察，足以有别——别，分别也——礼也。

如此理解，一来就字面意思来说，非常贴切；二来也解决了这“五德”之间的关系。既然是“五德”，就应该是并列关系，而不是统属关系。

3.11 唯天下至诚

唯天下至诚，为能经纶天下之大经[1]，立天下之大本[2]，知天地之化育[3]。夫焉有所倚[4]？肫肫其仁！渊渊其渊！浩浩其天[5]！苟不固聪明圣知达天德者[6]，其孰能知之[7]？

［译文］

只有天下至诚的圣人，才能创制天下的大纲，建立天下的大本，参赞天地化育万物的道理。哪里需要依赖别的什么呢？诚恳纯粹啊他的仁德！深远渊博啊他的气质！浩瀚广大啊他的天性！如果不是真有聪明圣智而通达天德的人，那谁又能参赞天地之化育呢？

[注释]

1 经纶：规划，经营。大经：大纲大法，参考 2.8.3“九经”之说，大经可能指“修身”。刘沅《中庸恒解》认为：“大经，礼乐刑政之属，有所增损，故曰经纶。”亦通。

2 大本：可以理解为“立其诚”。《乾卦 · 文言》：“子曰：‘君子进德修业。忠信所以进德也；修辞立其诚，所以居业也。’”刘沅《中庸恒解》认为：“大本，伦常心性，终古不变，故曰立。”

3 知：有“参赞”“主持”义。如“知县”之“知”，乃主持一县之意。“知天地之化育”即“赞天地之化育”。

4 焉：哪里。倚：两解，一是偏倚；二是凭依。作“偏倚”讲，其意为至诚之人无有偏倚。《尚书 · 洪范》：“无偏无党，王道荡荡；无党无偏，王道平平。”作“凭依”解，则指至诚之人，不凭依外物（如天子之位）即可化育天下。孟子曰：“待文王而后兴者，凡民也。若夫豪杰之士，虽无文王犹兴。”（《孟子 · 尽心上》）两解俱通，亦两义俱备。

5 肫肫：诚恳，纯粹的样子，有惇惇、谆谆、纯纯之意。渊渊：静深貌。渊：渊深沉潜的气质。浩浩：广大貌。天：天赋之性。

6 固：本来，实有。达：通达。天德：天所赋予的德，即天命之性。

7 其：那。孰：谁。知之：即上文“知天地之化育”。

然郑玄曰："非达天德者，其孰能知之，言唯圣人能知圣人也。"(《礼记集说》卷一百三十六) 按郑玄之详解，此句乃是感叹圣人的境界高邈难测。子曰："知德者鲜矣。"(《论语·卫灵公》) 亦有唯圣人能知圣人，唯君子能知君子之意。郑说亦通，列此备参考。

[**导读**]

本章仍然是"孔子赞"的继续。分三层。

第一层，讲圣人之所能，经纶大经，建立大本，参赞化育。

第二层用赞叹的语气，说明了人性美好充分发展之后的状态——充盈，溥博，渊深，充实而有光辉。这一段很有激情，所以，我标注了三个感叹号。这不仅是在赞美圣人，也是对人性高贵一面的赞美和肯定，是人性的赞歌，指出了人为万物之灵长的人性基础，更是对所有希圣希贤之人的激励。

第三层说明人能成圣通神、参赞天地化育的原因，乃是人性本就聪明圣知、通达天道。而按照郑玄的理解，也很有诗意：圣人"肫肫其仁！渊渊其渊！浩浩其天！"如此高邈超拔之境，又有多少人能够理解，能够触摸，能够仰望！显然，此刻，子思就沉浸在这样的静穆孤独的超绝之境。于此，我们看到了子思蓬勃的生命激情，以及对天地人生的一声浩叹！

3.12 《诗》曰

《诗》曰："衣锦尚䌹[1]。"恶其文之著也[2]。故君子之道，暗然而日章[3]；小人之道，的然而日亡[4]。君子之道，淡而不厌，简而文，温而理[5]。知远之近，知风之自，知微之显[6]，可与入德矣[7]。

《诗》云："潜虽伏矣，亦孔之昭[8]。"故君子内省不疚，无恶于志。君子之所不可及者，其唯人之所不见乎[9]！

《诗》云："相在尔室，尚不愧于屋漏[10]。"故君子不动而敬，不言而信[11]。

《诗》曰："奏假无言，时靡有争[12]。"是故君子不赏而民劝，不怒而民威于𫓧钺[13]。

《诗》曰："不显惟德，百辟其刑之[14]。"是故君子

笃恭而天下平[15]。

《诗》云："予怀明德，不大声以色[16]。"子曰："声色之于以化民，末也[17]。"

《诗》曰："德輶如毛[18]"，毛犹有伦[19]，"上天之载，无声无臭[20]"。至矣！

[译文]

《诗经》说："衣锦尚。"（穿着锦衣外加罩衣。）这是因为厌恶锦衣的花纹太惹眼了。所以君子之道，黯淡不彰但一天天凸显；小人之道，显豁在外但一天天消亡。君子之道，平淡不使人厌烦，简朴而有文采，温润而有条理。懂得由近而远的道理，懂得风气有源头的道理，懂得小微一定会显耀的道理，就可以进入圣人的道德境界了。

《诗经》说："潜虽伏矣，亦孔之昭。"（即使潜伏深，还是看得清。）所以君子内省不疚，问心无愧。君子为人所不及的，就是在别人看不见的地方严于律己吧！

《诗经》说："相在尔室，尚不愧于屋漏。"（有眼睛在看着你的居所，你要无愧于神灵。）所以君子未动之前先存敬畏，未言之前先自诚信。

《诗经》说："奏假无言，时靡有争。"（祭祀之时静心感神无需语言，此时此刻无有争竞。）因此君子不用赏赐而民众就能受到鼓励，不用发怒而民众就能看到比刀斧还要严厉的权威。

《诗经》说:“不显惟德!百辟其刑之。”(文王显耀他的德性,诸侯都效法他。)所以君子敦朴恭敬,天下就能太平。

《诗经》说:“予怀明德,不大声以色。”(我归赐天命给你光明的德行,你不疾言厉色。)孔子说:“用疾言厉色来教化民众,是最下之策。”

《诗经》说:“德如毛”(德行无形无状,轻如毫毛),毫毛还有行迹,而“上天之载,无声无臭”(上天生长万物之德,无声无味)。这是最高境界!

[注释]

1《诗》:见《诗经·卫风·硕人》篇和《诗经·郑风·丰》篇。两诗原文都是“衣锦褧(jiǒng)衣”,此处“尚䌹(jiǒng)”是《中庸》作者子思改的。孔颖达疏:“《诗》本文云‘衣锦褧衣’,此云‘尚䌹’者,断截诗文也。”断截诗文就是断章取义的意思,这是古代著述者引述《诗经》等经典时常用的方法,其合理性来自预期的读者熟悉这些经典,所以,虽然引用者断章取义,也不会对读者造成误导。尚:加也。䌹:朱熹解释为禅(dān)衣,即单衣,单层的罩袍。已然衣锦为何还要在外面加上一件罩袍?朱熹这样解释:“古之学者为己,故其立心如此。尚䌹故暗然,衣锦故有日章之实。淡、简、温,䌹之袭于外也;不厌而文且理焉，锦之美在中也。小人反是，则暴于外而无实以继之，是以的然而日亡也。”刘沅《中庸恒解》：“此言道本至庸，故当笃实以求之。暗然潜修，无迹可见。”

2 恶：讨厌。文：花纹，文采。著：显著。

3 暗然：这里是隐藏不露的意思。章：同“彰”，彰明，明显。孔颖达疏：“言君子以其道德深远谦退，初视未见，故曰暗然，其后明著，故曰日章明也。”刘沅：“日章，德日新而外著。”

4 的然：真实、明确，这里是鲜明、凸显的意思。孔颖达疏：“若小人，好自矜大，故初视时的然，以其才艺浅近，后无所取，故曰日益亡。”

5 淡而不厌，简而文，温而理：平淡而不使人厌倦，简易却不失文采，温润却条理清晰。刘沅：“淡、简、温，皆暗然之实。平近无奇而中有至趣，简质不烦而文彩彰著，和平温厚而条理洞然，盖日章即在暗然之中。”

6 知远之近，知风之自，知微之显：郑注：“自，谓所从来也。三‘知’者，皆言其睹末察本，探端知绪也。”（《礼记正义》卷五十三）大致可以理解为：知道未来由今天决定，知道表面发生的有内在的原因，知道微小的萌芽会变成巨大的存在。孔颖达疏：“言君子或探末以知本，或睹本而知末，察微知著，终始皆知，故可以入圣人之德矣。”朱熹：“远之近，见于彼者由于此也。风之自，著乎外者本乎内也。微之显，有诸内者形诸外也。有为己之心，而又知此三者，则知所谨而可入德矣。”

7 入德：入圣人之德，优入圣域。

8 所引诗出自《诗经·小雅·正月》篇。两句本来的意思是：鱼虽然潜伏在水里，但是它在那里（被看得）明明白白，无法隐藏。这是诗人用鱼的处境比喻自己身处危险之境。而子思引这两句诗，是要说明君子内心纯净不藏丑恶，故下文说“君子内省不疚，无恶（wù，羞愧）于志（无愧于心）”。郑注：“言圣人虽隐居，其德亦甚明矣。”孔颖达疏：“此明君子其身虽隐，其德昭著。”质诸下文，疑不确。

9 君子之所不可及者，其唯人之所不见乎：君子之所以超越众人，就在于在人所不见的地方下功夫——诚敬与慎独。

10 所引诗出自《诗经·大雅·抑》篇，参见 2.4 注释 5。相：看。尔：你。尚：曾。《说文》段玉裁注：“按曾之言乃也。”屋漏：《尔雅·释宫》：“西北隅谓之屋漏。”屋内西北角是一屋之最阴暗处，指没有人看见的地方。一说，宗庙西北隅是存放神主之处，暗喻有神灵在监视你。两说都可通，意思指向也一致：在自己家里乃至在最阴暗的地方都有人监视，都不可以做不诚之事。

11 君子不动而敬，不言而信：因为君子不欺暗室，诚敬慎独，故其未动未言之前，先有敬信。敬信是其内在品格。

12 所引诗见《诗经·商颂·烈祖》篇，是祭祀成汤的乐歌。奏：《诗》作“鬷（zōng）”。此二句解释纷纭，朱熹：“假，格同……奏，进也。承上文而遂及其效，言进而感格于神明之际，极其诚敬，无有言说而人自化之也。”刘沅：“奏假，进而祭祀，以求格神……引《诗》以明至诚可以格神，感人何难？是故君子不待赏怒，而民自从善畏罚。”又，郑注：“假，大也。”郑玄以为二句之意思是“言奏大乐于宗庙之中，人皆肃敬，金声玉色，无有言者，以时太平和合，无所争也”。译文从朱熹、刘沅。

13 鈇（fǔ）：音义与“斧”同。钺（yuè）：象征兵权的武器，像大斧。民威于鈇钺：百姓们认为君子的威严胜过斧钺。

14 所引诗见《诗经·周颂·烈文》篇。不：同“丕”，大。显：显著，光明。惟：《诗经》作“维”，乃。百辟：指诸侯。刑：同“型”，用作动词，效法。全句的意思是：周文王显示出自己的德性，诸侯都来效法。

15 笃恭：敦厚恭敬，至诚精纯。

16 所引诗见《诗经·大雅·皇矣》篇。此诗乃周人自叙开国历史。予：上帝自称。怀：归命，赐予天命。明德：明德之人，指周文王。这是颂扬周文王以德得上天眷顾，获赐天命。不大声以色：以，与。此句是说上天归命文王的原因是其谦卑自抑，对人（诸侯和百姓）不疾言厉色。郑注：

“予，我也。怀，归也。言我归有明德者，以其不大声为严厉之色以威我也。”

17 声色：疾言厉色之意。化民：教化民众。末：最次等的。

18 引自《诗经·大雅·烝民》篇，见 3.6 注释 12。辅（yóu）：《说文》：“轻车也。”此取“轻”义。意为：“德”这个东西，其轻如毛。

19 毛犹有伦：毛虽轻，但还有东西可以和它比较。和上文结合起来理解，即，毛还有形有质可以把握，而德精微神妙、无形无量、无与伦比。

20 上天之载，无声无臭：这两句见《诗经·大雅·文王》篇。载：事。臭（xiù）：气味。意为：上天所做的事，潜移默化，润物无声。《论语·阳货》：“子曰：‘天何言哉？四时行焉，百物生焉。天何言哉？’”

［导读］

本章是《中庸》的结尾。

八引《诗经》，充分体现出《中庸》喜欢引用《诗经》的特点，而且其引用之时，往往断章取义，为其所用。

八引《诗经》，分成七层。

第一层，引《诗经·卫风·硕人》和《诗经·郑风·丰》而断其章取其义，讲君子之道，光辉于内而黯淡于外，充实于内而简朴于外，华美于内而素颜于外。

第二层，引《诗经·小雅·正月》，据《诗序》，这是“大夫刺幽王”惑于褒姒终当亡国的诗。子思所引这两句，讲心中有鬼魅，就不可能隐藏，我们可以对照《大学》上的一段：

> 所谓诚其意者，毋自欺也。如恶恶臭，如好好色，此之谓自谦。故君子必慎其独也。小人闲居为不善，无所不至，见君子而后厌然，掩其不善而著其善。人之视己，如见其肺肝然，则何益矣。此谓诚于中，形于外，故君子必慎其独也。曾子曰：“十目所视，十手所指，其严乎！”

所以，君子内省不疚，问心无愧。“内省不疚”直接引用孔子的话（《论语·颜渊》），这是孔子回答司马牛的君子之问，讲何为君子的。也是孟子讲的“仰不愧于天，俯不怍于人”（《孟子·尽心上》）。这是讲君子慎独，也是讲君子“必诚其意”。

第三层，引《诗经·大雅·抑》。子思此处所引之诗，接着上一层，讲君子慎独。慎独不仅仅是独自一人之时保持节操，还是一念未动之时，即屏蔽不善。慎独是心中纯粹精一，本性纯善不二，如此，则如孔子讲的“从心所欲不逾矩”。“从心所欲不逾矩”者，心中之欲，已无逾矩之念。王阳明《与杨仕德薛尚谦书》:“破山中贼易，破心中贼难。”子思心中的君子，心中已然无贼，所以才能“不动而敬，不言而信”。君子有稳定的纯善品性。

第四层，引《诗经·商颂·烈祖》，所引两句讲在祭祀成汤之际，祭者进诚，与祭者也一时肃穆庄重，平息争竞之心。以此讲君子诚心感天，人民也自会有动于心，从风而顺。因此君子以诚感人，不赏而民劝，不怒而自威。这与法家一味只是用赏罚“二柄”来控制民众，形成强烈反差。

第五层，引《诗经·周颂·烈文》。周成王即位，诸侯助祭先祖而有此篇。所引两句诗是歌颂文王、武王以自己之德性感动四方，诸侯都效法他，于是天下太平。

第六层，引《诗经·大雅·皇矣》，此篇是周人自己叙述自己的开国历史，从太王、太伯、王季一直叙述到文王伐密、伐崇。所引两句诗前面有一句“帝谓文王”，所以，这两句是天帝对文王说的话，表示文王以自己的“明德”获得天帝的归命，成为天子。这一层紧承上层，说明为政以德不以刑的道理。后面引孔子话，说“声色之于以化民，末也”，那么，化民的“本”是什么？是君子自己的“明德”。

第七层，引《诗经·大雅·烝民》和《诗经·大雅·文王》。《烝民》是周宣王命仲山甫往齐筑城，尹吉甫送行而作。该诗赞美仲山甫的美德，也是歌颂宣王的任贤使能。原诗“德如毛，民鲜克举之”，表示虽然德性无形无质，轻如鸿毛，但是，其重量却是无人能举得起来的。《文王》是周公歌颂乃父文王“受命作周”，陈子展《诗三百解题》说“无异乎是周代的国歌”。子思所引“上天之载，无声无臭”，用以说明，天赋精粹纯一不二之德，不仅“如毛”之轻而其重无比，简直就是无声无臭，不可见、不可闻、不可捉摸，但弥天席地充塞乎天地之间，化育万物而润物无声！

这一章，可参阅 2.4：

> 子曰：“鬼神之为德，其盛矣乎！视之而弗见，听之而弗闻，体物而不可遗。使天下之人，齐明盛服以承祭祀，洋洋乎如在其上，如在其左右。《诗》曰：‘神之格思，不可度思，矧可射思？’夫微之显，诚之不可掩，如此夫！”

朱熹曰：“右第三十三章。子思因前章极致之言，反求其本，复自下学为己谨独之事，推而言之，以驯致乎笃恭而天下平之盛。又赞其妙，至于无声无臭而后已焉。盖举一篇之要而约言之，其反复丁宁示人之意，至深切矣，学者其可不尽心乎！”

附录一

《大学》《中庸》的编纂与成书

衣抚生

先秦秦汉时期，儒家五经中的《礼》，指的是《仪礼》。由于《仪礼》枯燥难懂，礼学家在传授的时候，往往会在其后附带若干参考资料，称之为“记”。《大学》《中庸》就是这样的两篇“记”。这些“记”数量繁多，质量参差不齐，不便学习，就有了各种编订本，其中最流行的是汉代学者戴圣编订的四十九篇本，名为《礼记》。最初的《礼记》附于《仪礼》之后，东汉大儒郑玄给三礼（《仪礼》《礼记》《周礼》）分别做注以后，《礼记》才最终摆脱了《仪礼》附庸地位而独立成书。《大学》《中庸》分别为《礼记》的第四十二篇和第三十一篇。

《大学》的作者与版本

关于《大学》的作者。

《大学》的作者是谁？这是一个久而未决的难题。《汉书·艺文志》对于跟《礼》有关的“记”有一个总体论述：“七十子后学者所记也。”[1] 据此，《礼记》各篇的定稿者都是孔子再传弟子及其后的儒家学者。《汉书·艺文志》的作者是大历史学家班固，底本取自大儒刘向、刘歆父子编录的《七略》，他们的年代又距离先秦较近，因而这一说法具有较大权威性。只是该论述太笼统，没有明确指出《大学》的作者是谁。编《礼记》的西汉戴圣、注《礼记》的东汉郑玄、唐代孔颖达以及《隋书·经籍志》也都未注明《大学》的作者。

明代史学家郑晓记载，东汉大儒贾逵曾说《大学》的作者是子思：

> 又有石经《大学》，与古本《大学》不同。魏正始中，诏诸儒虞松等考正五经。卫觊、邯郸淳、钟会等以古文小篆八分刻之于石，始行《礼记》而《大学》《中庸》传焉。松表述贾逵之言曰：“孔伋穷居于宋，惧先圣之学不明而帝王之道坠，故作《大学》以经之，《中庸》以纬之。”则《学》《庸》皆子思所作。[2]

这就是子思所作说的主要依据（南宋王柏《中庸论》也有此说，但无依据）。郑晓所依据的石经，一般认为是明人伪造（清代学者胡渭指出：“明嘉靖中甬东丰坊所伪撰也。”[3]），不足为据，且与史籍记载多有不合，故郑晓之说不被大多数学者采信。今人郭沂赞成此说。[4]

因此，我们可以认为，在《大学》成书后的约一千年时间里，其作者都是模糊不清的。这一方面是因为该问题确实很难考证，另一方面也是因为学者们还没有完全意识到《大学》的思想价值。比如，郑玄称："《大学》者，以其记博学，可以为政也。"所谓的"博学""为政"都是泛泛而论，未有过人之处。孔颖达将《大学》的主旨增加了明明德的内容，认识比郑玄更进一步："此《大学》之篇，论学成之事，能治其国，章明其德于天下。"[5]

大约从韩愈《原道》开始，《大学》受到越来越多的重视，尤其是经过二程、朱熹的提倡、整理和阐释，《大学》成为四书之首，被认为是"孔氏之遗书""初学入德之门""学者必由是而学焉"，具有了崇高的地位（参见本书导言及朱熹《四书章句集注》[6]）。在这种背景下，考证《大学》的作者就成为一个重要问题。

二程指出，《大学》是孔子一人所著："《大学》乃孔氏遗书。""《大学》，圣人之完书也。"[7]二程所言明显有问题：《大学》引用了曾参的话，而且尊称为"曾子"，显然是曾子后学的口吻；而且《大学》中多次出现"子曰"，孔子不应如此自称。朱熹在二程的基础上，将《大学》分为"经"一章，为"孔子之言，而曾子述之"，"传"十章，为"曾子之意而门人记之"。这样就解决了"子曰""曾子"的问题，而且最终成书于曾子门人之手，与《汉书·艺文志》“七十子后学者所记”相合，具有很大的合理性。朱熹解释说：

曰：“子谓正经盖夫子之言，而曾子述之，其传则曾子之意，而门人记之。何以知其然也？”

曰：“正经辞约而理备，言近而指远，非圣人不能及也，然以其无他左验，且意其或出于古昔先民之言也，故疑之而不敢质。至于传文，或引曾子之言，而又多与《中庸》《孟子》者合，则知其成于曾子门人之手，而子思以授孟子无疑也。”[8]

朱熹的结论来自文意分析，缺少直接证据。当代学者在研究大量的出土战国秦汉文献之后，总体来说，倾向于赞成朱熹的观点。比如，李学勤说：

前人为什么说《大学》是“圣经贤传”，经的部分是孔子之言而曾子述之，传的部分是曾子之意而其门人记之呢？这是由于传文明记有“曾子曰”，而曾子的话又和整个传文不能分割。按战国时著书通例，这是曾子门人记录曾子的论点，和孟子著书有与其弟子的讨论相同，所以《大学》的传应认为曾子作品。曾子是孔子弟子，因而经的部分就一定是曾子所述孔子之言。[9]

梁涛等从思想内容方面进行了若干补充论证，内容较繁，不赘述。[10]

这是目前学界的主流观点。当然，该观点直接证据稍显不足，也有学者提出不同观点，比如，冯友兰、钱穆认为《大学》是荀子后学所著[11]；徐复观认为《大学》的作者无法考证清楚，大致成书于秦汉之际，受到孟子的影响较大[12]。这里不展开论述。

我们认为，朱熹的论述较为合理，可供参考，而且将《大学》与孔子直接联系起来，是《大学》经典化的必然要求，有其特殊的时代背景，不是单纯的学术问题。最准确的说法还是《汉书·艺文志》所说的“七十子后学者所记”。

关于《大学》的版本。

《大学》有两个版本：古本《大学》，即保存在《礼记》中的版本；朱熹本《大学》，是经过二程、朱熹整理过的版本。

二程发现古本《大学》的内容有错乱。具体说来，《大学》第一章的内容是“三纲领”“八条目”，但后文只解释了“八条目”中的诚意、正心、修身、齐家、治国、平天下（每一种解释都以“所谓”开头），结构似乎不够完整。二程认为，这是错简造成的。他们将跟“三纲领”、格物、致知有关的内容提出来，重新分章，从而形成了一种结构较为齐整的文本。

朱熹在二程的基础上更进一步，将全文分为“经”和“传”两部分，并认为二程所列的“格物致知”的内容太过简略，不足以解释其内涵，就补写了格物致知章。至此，《大学》一文就纲举目张，非常明晰。可以说，朱熹的补写是很有价值的。但是，正因为是朱熹补写的，不是原文，也遭受了很多批评。

王阳明与朱熹的观点完全相反，认为古本《大学》并无脱漏，他还以古本《大学》为基础，建立了自己的致良知学说。简单说，王阳明向内，追寻内在的良知，不假外求，类似于《孟子》说的“万物皆备于我”；朱熹则是内外兼修。他们的区别主要是：

第一，“亲民”还是“新民”。朱熹解释为“新民”，王阳明解释为本字，亲近民众的意思。

第二，“至善”是“事理当然之极”，还是将“良知”推向极致。朱熹说：“至善，则事理当然之极也。”王阳明认为朱熹从“事理”上寻找至善，是向外寻找，是错的，应该向内寻找。王阳明将“至善”明确解释为将内在的“良知”推向极致。

第三，“致知”是获得丰富的知识，还是致良知。朱熹说：“致，推极也。知，犹识也。推极吾之知识，欲其所知无不尽也。”朱熹侧重于知识，知识自然无所不包，内外兼有。王阳明则专门解释为内在的良知，这就是著名的致良知。

第四，“格物”是穷尽事物之理，还是正物。朱熹认为：“格，至也。物，犹事也。穷至事物之理，欲其极处无不到也。”格物为研究事物之理，是外向的。王阳明则认为，良知在内心中，不假外求，不需要向外在的事物学习。那为什么还要“格物”呢？王阳明认为，“格”的意思是“正”，即用内在的良知去正物，而不是去研究、学习物。如果物都被正了，良知也就可以达到极致。[13]

从王阳明以后，古本《大学》与朱熹本《大学》之争聚讼不断，成为中国哲学史上的重要问题。

关于朱熹大学、小学之分的原始文献依据。

朱熹说，“三代之隆”时，学校有大学和小学之分（参见本书《导言》）。他所依据的原始文献是：

一、《大戴礼记・保傅》：“古者年八岁而出就外舍，学小艺焉，履小节焉。束发而就大学。学大艺焉，履大节焉。”[14]

二、《礼记・内则》：“六年教之数与方名……九年，教之数日。十年出就外傅，居宿于外，学书计……十有三年，学乐……二十而冠，始学礼。”[15]

三、《汉书・食货志》：“八岁入小学，学六甲、五方、书计之事，始知室家长幼之节。十五入大学，学先圣礼乐，而知朝廷君臣之礼。”[16]

四、《白虎通》：“八岁毁齿，始有识知，入学，学书计。

七八十五，阴阳备，故十五成童志明，入太学，学经术。”[17]

五、《后汉书》：“《礼》制，人君之子年八岁，为置少傅，教之书计，以开其明；十五置太傅，教之经典，以道其志。”[18]

以上均为去古不远的战国秦汉时期的人追述周代的情况（《礼记·内则》的年龄与其他记载略有差异）。总的来说，“小学”学习书写和简单的数学等，“大学”学习先圣礼乐和经典，与朱熹所言相合。

《中庸》的作者

一般认为，《中庸》的作者是孔子的孙子子思。最早的证据见于《史记·孔子世家》：“子思，年六十二。尝困于宋。子思作《中庸》。”[19]南朝梁史学家沈约指出，有四篇作品明确为子思所作：“《中庸》《表记》《防记》《缁衣》皆取《子思子》。”[20]《孔丛子·居卫》详细记述了子思作《中庸》的时间与缘由：

子思年十六，适宋。宋大夫乐朔与之言学焉……子思曰：“……昔鲁委巷亦有似君之言者……今君何似之甚也。”乐朔不悦而退，曰：“孺子辱吾。”其徒曰：“此虽以宋为旧，然世有仇焉，请攻之。”遂围子思。宋君闻之，驾而救子思。子思既免，曰：“文王厄于牖里作

《周易》，祖君屈于陈蔡作《春秋》。吾困于宋，可无作乎？”于是撰《中庸》之书四十九篇。[21]

大意是说，子思十六虚岁的时候，去宋国，和宋国大夫乐朔讨论《尚书》。乐朔见识短浅，而子思正值年少气盛的青春期，不知避讳，直接说乐朔的水平和鲁国“委巷”（陋巷）里的见识短浅的人差不多。乐朔觉得受到羞辱，就率人围困子思。子思被宋国国君解救以后，以困于牖里（又作“羑里”）而作《周易》的周文王、困于陈蔡而作《春秋》的孔子为榜样，写作了《中庸》一书。《中庸》的作者、写作年龄、写作背景、最初的篇幅，都记述得一清二楚。《史记》在写“子思作《中庸》”的时候，特地说明子思“尝困于宋”，正与《孔丛子》相合，可证《孔丛子》所言并非信口开河。

早期文献如此众口一致，当是确凿无疑之事。但是，从宋代欧阳修开始，不断有学者怀疑《中庸》不是子思所作，尤其是清代、民国的崔述、冯友兰、钱穆等大学者，从分析《中庸》的思想内容、风格、用词等方面入手，提出了许多质疑，并不断提出新说，或认为《中庸》为秦汉时期的儒生所作，或认为《中庸》并非成于一人一时，甚至有人认为《中庸》与孔子思想相悖。相关论述太多，我们无法一一辨析，只是指出这些研究存在的三大问题：

第一，很多质疑都是情理分析，而情理分析往往公说公有理，婆说婆有理，不具有唯一性、确定无疑性，因而也就不具有一锤定音的作用。

第二，很多质疑都是着重分析若干字句，因此，这些质疑往往是零碎的、片面的。以零碎质疑整体，以片面质疑全面，是很危险的。尤其是，先秦典籍的流传往往经历过复杂的过程，其中难免会掺入后人的零星字句，这就导致这种分析法很不可靠。

第三，这些学者大都相信时代是线性前进的，后代的思想一定比前辈高级，因此两种相关的思想，较为简单的一定早出，较为复杂的一定晚出。其实，这只是大致规律，不能当成铁律。比如，我们可以举出几个反例：孔子弟子的思想水平未必比孔子高，孟子弟子更是比孟子差得远。

因此，我们认为，在没有新的材料出现之前，不必再质疑《中庸》是子思所作。

［参考文献］

1 班固 :《汉书》卷三十《艺文志》，北京 : 中华书局，1962 年，第 1709 页。

2 郑晓 :《古言类编》下《大学》，王云五主编 :《丛书集成初编》，上海 : 商务印书馆，1936 年，第 92—93 页。

3 胡渭 :《大学翼真》卷三《大学经传撰人》，文渊阁四库全书本。

4 郭沂：《子思书再探讨——兼论〈大学〉作于子思》，《中国哲学史》2003年第4期。

5 郑玄注，孔颖达正义：《礼记正义》卷六十《大学》，阮元校刻：《十三经注疏》，北京：中华书局，2009年，第3631页。

6 朱熹：《四书章句集注》，北京：中华书局，2012年，第3页。

7 程颢、程颐：《二程遗书》卷二、卷二十四，上海古籍出版社，2000年，第68、368页。

8 朱熹：《四书或问》，《朱子全书》第6册，上海古籍出版社、合肥：安徽教育出版社，2010年，第514页。

9 李学勤：《荆门郭店楚简中的〈子思子〉》，《文物天地》1998年第2期。

10 梁涛：《〈大学〉早出新证》，《中国哲学史》2000年第3期。梁先生不赞同朱熹将《大学》分为经、传两部分，而认为《大学》原文是一体的。

11 冯友兰：《中国哲学史》(上)，《三松堂全集》第2卷，郑州：河南人民出版社，2001年，第572页。钱穆：《四书义理之展演》，《钱宾四先生全集》第4册《孔子与论语》，台北：联经出版事业股份有限公司，1998年，第325—326页。

12 徐复观：《中国人性论史·先秦篇》，《徐复观全集》

第 4 卷，北京：九州出版社，2013 年，第 240—248 页。

13 朱熹：《四书章句集注》，北京：中华书局，2012 年，第 3—4 页。王阳明：《传习录》《大学问》，王守仁撰，吴光等编校：《王阳明全集》，上海古籍出版社，2012 年，第 1—2，799—802 页。

14 王聘珍撰，王文锦点校：《大戴礼记解诂》，北京：中华书局，1983 年，第 60 页。

15 孙希旦撰，沈啸寰、王星贤点校：《礼记集解》卷二十八《内则》，北京：中华书局，1989 年，第 768—769 页。

16 班固：《汉书》卷二十四《食货志》，北京：中华书局，1962 年，第 1122 页。

17 陈立撰，吴则虞点校：《白虎通疏证》卷六“辟雍”条，北京：中华书局，1994 年，第 253 页。

18《后汉书》卷四十八《杨终传》，北京：中华书局，1965 年，第 1599—1600 页。

19 司马迁：《史记》卷四十七《孔子世家》，北京：中华书局，1982 年，第 1946 页。

20 魏征：《隋书》卷十三《音乐志》，北京：中华书局，1973 年，第 288 页。《防记》，今本《礼记》作《坊记》。

21 王钧林、周海生译注：《孔丛子》，北京：中华书局，2012 年，第 102 页。

附录二

《大学》《中庸》字数统计明细

朱熹订《四书章句集注》统计《大学》字数是1751字。《中庸》的字数，一般认为是三千多字。《大学》《中庸》到底多少字？本书出版前，特请浦江学堂家委会于铮、孟怡廷对《大学》《中庸》做了细致审慎的字数统计，以鲍鹏山、周缨编校的《大学中庸正音诵读》为底本，对《大学》十一章、《中庸》三十三章，逐字检点，不含标点、不含篇目，得《大学》总字数：1881字（含传五章朱熹补写的128字），《中庸》总字数：3569字（含2.8.1重出的14字）。现将统计明细表刊于后，以备检视。

《大学》字数统计明细

序号	章节	字数
1	经一章	205
2	传一章（释明明德）	26
3	传二章（释新民）	40
4	传三章（释止于至善）	203

（续）

序号	章节	字数
5	传四章（释本末）	30
6	传五章（释格物、致知之义）	138
7	传六章（释成意）	118
8	传七章（释正心、修身）	72
9	传八章（释修身、齐家）	96
10	传九章（释齐家、治国）	271
11	传十章（释治国、平天下）	682
合计		1881

《中庸》字数统计明细

序号	章节数	字数
1	1.0（总纲一）	109
2	1.1	37
3	1.2	13
4	1.3	50
5	1.4	8
6	1.5	36
7	1.6	39
8	1.7	24
9	1.8	25
10	1.9	92
11	1.10	50
12	2.0（总纲二）	114
13	2.1	153

（续）

序号	章节数	字数
14	2.2	111
15	2.3	52
16	2.4	78
17	2.5	103
18	2.6	162
19	2.7	156
20	2.8.1	138
21	2.8.2	152
22	2.8.3	250
23	2.8.4	239
24	3.0（总纲三）	20
25	3.1	61
26	3.2	34
27	3.3	52
28	3.4	66
29	3.5	252
30	3.6	121
31	3.7	112
32	3.8	177
33	3.9	76
34	3.10	136
35	3.11	59
36	3.12	212
合计		3569

附录三

主要参考文献

1［汉］孔安国传，孔颖达疏：《尚书正义》，阮元校刻：《十三经注疏》，北京：中华书局，2009年。

2［汉］司马迁：《史记》卷四十七《孔子世家》、卷一百二十六《滑稽列传》，北京：中华书局，1982年。

3［汉］班固：《汉书》卷三十《艺文志》，北京：中华书局，1962年。

4［汉］班固：《汉书》卷二十四《食货志》，北京：中华书局，1962年。

5［汉］许慎撰，［清］段玉裁注：《说文解字注》，上海古籍出版社，1981年。

6［汉］郑玄注，［唐］孔颖达疏：《礼记正义》，十三经注疏丛书，上海古籍出版社，2008年。

7［魏］王弼、［晋］韩康伯注，［唐］孔颖达正义：《周易正义》，十三经注疏丛书，上海古籍出版社，2008年。

8［魏］王弼注，［唐］孔颖达正义：《周易正义》，阮元校刻：《十三经注疏》，北京：中华书局，2009年。

9 ［魏］王弼注，楼宇烈校释：《老子道德经注校释》，北京：中华书局，2008 年。

10［南朝宋］范晔：《后汉书》卷四十八《杨终传》，北京：中华书局，1965 年。

11［梁］皇侃撰，高尚榘整理：《论语义疏》，北京：中华书局，2013 年。

12［唐］陆德明：《经典释文》，上海古籍出版社，2013 年。

13［唐］魏征：《隋书》卷十三《音乐志》，北京：中华书局，1973 年。

14［唐］李翱：《李文公集》，上海古籍出版社，1993 年。

15［宋］张载著，章锡琛点校：《张载集·张子语录》（中），北京：中华书局，1978 年。

16［宋］程颢、程颐著，王孝鱼点校：《二程集》，北京：中华书局，2004 年。

17［宋］程颢、程颐：《二程遗书》，上海古籍出版社，2000 年。

18［宋］朱熹：《四书章句集注》，北京：中华书局，2011 年。

19［宋］朱熹：《四书或问》，上海古籍出版社；安徽教育出版社，2001 年。

20［宋］朱熹注，赵长征点校：《诗集传》，北京：中华书局，2011 年。

21［宋］朱熹：《晦庵先生朱文公文集》，《朱子全书》第二十四册，上海古籍出版社、合肥：安徽教育出版社，2010 年。

22［宋］朱熹:《诗集传》，上海古籍出版社，1980年。

23［宋］陈善:《扪虱新话》卷十《儒释迭为盛衰》,《全宋笔记》第五编第十册，郑州：大象出版社，2012年。

24［宋］黎靖德编，王星贤点校:《朱子语类》，北京：中华书局，1986年。

25［明］王守仁撰，吴光等编校:《王阳明全集·大学问》，上海古籍出版社，2012年。

26［明］王守仁撰，吴光等编校:《王阳明全集·亲民堂记》，上海古籍出版社，2012年。

27［明］王守仁撰，吴光等编校:《王阳明全集·传习录》，上海古籍出版社，2012年。

28［明］郑晓:《古言类编》下《大学》，王云五主编:《丛书集成初编》，北京：商务印书馆，1936年。

29［明］李贽:《四书评》，上海人民出版社，1975年。

30［明］焦竑、顾宪成:《焦氏四书讲录·四书说约》，上海古籍出版，2002年。

31［明］郝敬:《礼记通解》，上海古籍出版社，1996年。

32［明］张振渊:《四书说统》，明天启三年石镜山房刊本。

33［清］黄宗羲:《宋元学案》，北京：中华书局，2013年。

34［清］王夫之:《四书训义》，长沙：岳麓书社，2011年。

35［清］王夫之:《读四书大全说》，北京：中华书局，1975年。

36［清］王夫之:《四书笺解》，台北：广文书局，1977年。

37［清］毛奇龄著，胡春丽点校:《四书改错》，上海:

华东师范大学出版社，2015 年。

38［清］朱用纯：《朱柏庐先生中庸讲义》，《丛书集成续编》第三十四册，台北：新文丰出版公司，1988 年。

39［清］胡渭：《大学翼真》卷三《大学经传撰人》，文渊阁四库全书本。

40［清］惠栋：《易大谊》，《学海类编》，北京：中华书局，1985 年。

41［清］孙希旦撰，沈啸寰、王星贤点校：《礼记集解》，北京：中华书局，1989 年。

42［清］江藩：《国朝汉学师承记》，北京：中华书局，1983 年。

43［清］阮元校刻：《十三经注疏》，北京：中华书局，2009 年。

44［清］王引之撰，虞思征等校点：《经义述闻》，上海古籍出版社，2018 年。

45［清］刘沅：《十三经恒解》，成都：巴蜀书社，2016 年。

46［清］陶起庠：《四书集说》，《清经解全编·清经解四编》第十三册，济南：齐鲁书社，2016 年。

47［清］王聘珍撰，王文锦点校：《大戴礼记解诂》，北京：中华书局，1983 年。

48［清］陈立撰，吴则虞点校：《白虎通疏证》卷六，北京：中华书局，1994 年。

49［清］王先谦撰，沈啸寰、王星贤点校：《荀子集解》，北京：中华书局，1988年。

50［清］郭庆藩撰、王孝鱼点校：《庄子集释》，北京：中华书局，1961年。

51［清］孙诒让：《墨子閒诂》，上海书店，1986年。

52 虚云大师重辑：《佛祖道影》，北京：中华书局，2016年。

53 唐文治：《四书大义》，上海人民出版社，2018年。

54 章太炎撰，陈平原导读：《国故论衡》，上海古籍出版社，2019年。

55 章太炎讲演，诸祖耿、王謇、王乘六等记录：《章太炎国学讲演录·小学略说》，北京：中华书局，2013年。

56 梁启超：《新民说》，北京：商务印书馆，2016年。

57 程树德：《论语集释》，北京：中华书局，2014年。

58 陈寅恪：《论韩愈》，《金明馆丛稿初编》，北京：生活·读书·新知三联书店，2012年。

59 郭沫若：《十批判书》，北京：东方出版社，1996年。

60 钱穆：《四书释义·大学中庸释义》，北京：九州出版社，2011年。

61 钱穆：《孔子传》，北京：生活·读书·新知三联书店，2005年。

62 钱穆：《四书义理之展演》，《钱宾四先生全集》第四册《孔子与论语》，联经出版事业股份有限公司，1998年。

63 冯友兰：《中国哲学简史》，北京大学出版社，2013年。

64 陈子展：《诗三百解题》，上海：复旦大学出版社，2001年。

65 徐复观：《中国人性论史·先秦篇》，《徐复观全集》第四卷，北京：九州出版社，2013 年。

66 杨伯峻：《白话四书》，长沙：岳麓书社，1989 年。

67 陈戍国：《四书五经校注本》，长沙：岳麓书社，2006 年。

68 管锡华译注：《尔雅》，北京：中华书局，2014 年。

69 王国轩、王秀梅译注：《孔子家语》，北京：中华书局，2009 年。

70 王钧林、周海生译注：《孔丛子》，北京：中华书局，2012 年。

71 于述胜：《中庸通解》，北京：社会科学出版社，2020 年。

72 章诗同：《荀子简注·解蔽》，上海人民出版社，1974 年。

73 鲍鹏山：《论语导读》（修订增补版），北京：中国青年出版社，2021 年。

74 鲍鹏山：《孔子如来》，北京：中国青年出版社，2021 年。

75 郭沂：《子思书再探讨——兼论〈大学〉作于子思》，《中国哲学史》2003 年第 4 期。

76 梁涛：《〈大学〉早出新证》，《中国哲学史》2000 年第 3 期。

77 李学勤：《荆门郭店楚简中的〈子思子〉》，《文物天地》1998 年第 2 期。

78 鲍鹏山：《论先秦私学》，《青海师范大学学报》2000 年 3 月。

79 鲍鹏山：《孔子与中国知识分子》，《名作欣赏》2020 年第 1—2 期。

后　记

这几年，我一直在“花时间读书社”讲“四书”，先是《论语》后是《孟子》，接着是《大学》《中庸》。讲《大学》《中庸》，和讲《孟子》不同，讲《孟子》是拿着一本朱熹的“四书集注”，就这么讲下来，讲《大学》《中庸》则是先写好了“导读”，照着讲，再将授课中延伸的内容，补充到书稿中。感谢“花时间读书社”的学生们，他们都是有家有业的人，这么多年来一直坚持以饱满的热情来上课，使我也有热情一直讲了下来。

衣抚生博士是我最近五年来结识的最好的朋友之一。当时他在中国社科院读博士，我们请他来给北京浦江学堂的孩子上课。他是最得家长和孩子喜欢的老师之一，是我们浦江学堂第一批评选出的优秀老师。他的优秀，不仅仅是他的专业水平和教学能力，更在于他那古典式的仁厚——为了孩子们的不舍和期待，在离开北京去石家庄任教后，他甚至有一年半的时间，每周末从石家庄坐火车赶到北京去给两个班的孩子上课。他对孩子们的爱，他的为人，让家长们感受到古圣先贤的气象，认识到经典学习对孩子人格养成的重要。他在大学担任教职，有繁重的教学任务尤其是科研任务，但是从《孟子正音诵读本》到现在，这么多年来，他一直在帮我做事。这次他也帮助通读、校勘了全书，并且在注释、翻译和导读上提出了不少非常中肯而精当的意见。顺便说一句，我之所以想让他通读全书并提意见，是因为我觉得他是我身边对先秦秦汉简牍与文献最熟悉的人，对他的学问，我一直心怀敬意。这一年来，他还主动提出承担了我在“花时间读书社”讲《孟子》课的全部录音转文字的整理工作，一百多万字，都是他听着不怎么清晰的录音，在键盘上一个字一个字敲打出来的。有他和吴晓梅女士的密切配合，我的《孟子导读》的撰写进展也非常顺利，不久会与读者见面。

我在修订《〈论语〉导读》时，曾请衣抚生博士写了《〈论语〉的编纂与成书》附录在书后，给读者提供更加全面的有关《论语》的历史信息。这次也请他写了《〈大学中庸〉的编纂与成书》附录在书中。以他的学问和对先秦典籍的熟悉，我的“导读”系列每本都有他这样的文章以飨读者，实在是我的光荣，也是我们友谊的见证。

鲍鹏山

2021 年 10 月 17 日于浦东偏安斋